EL
DISCURSO CUBANO

Los Estados Unidos van a la
guerra con España en 1898

WAYNE SOINI

Traducción: Yleana Martinez

EL DISCURSO CUBANO
LOS ESTADOS UNIDOS VAN A LA GUERRA CON ESPAÑA EN 1898

Puede hacer pedidos de libros de iUniverse en librerías o poniéndose en contacto con:

iUniverse
1663 Liberty Drive
Bloomington, IN 47403
www.iuniverse.com
1-800-Authors (1-800-288-4677)

ISBN: 978-1-4917-1857-5 (tapa blanda)
ISBN: 978-1-4917-1858-2 (tapa dura)
ISBN: 978-1-4917-1859-9 (libro electrónico)

Numero de la Libreria del Congreso: 2014908147

Impreso en los Estados Unidos de América.

Fecha de revisión de iUniverse: 8/6/2014

Dedicación

DEDICO ESTE LIBRO A MIS padres que han fallecido, Waino y Florence Soini, y a mi hermana menor, Sheila Soini Normansell. Justicia a ellos me exigió escribir la más exacta historia que pude encontrar.

Agradecimientos

N<small>O PUEDO RECONOCER BASTANTE TODAS</small> mis deudas,
pero sobre todo gracias a la Biblioteca Healey de la
Universidad de Massachusetts, Boston; su grupo ILIAD; la
Sociedad Histórica de Massachusetts; la Biblioteca Pública de
Boston, Sala de Libros Raros; Karl Ash, archivista; Biblioteca
y Museo Presidencial William McKinley; Jennifer Barthovde,
División de Manuscritos de la Biblioteca del Congreso; Marjorie
Strong, bibliotecaria auxiliar, Sociedad Histórica de Vermont; y
María Brough, bibliotecaria, Proctor Biblioteca Libre, Proctor,
Vermont.

Tabla de Contenido

Introducción

A L IGUAL QUE EL ATAQUE japonés a Pearl Harbor, que
hasta este día enmascara muchas otras causas de la Segunda
Guerra Mundial, una explosión que iluminó el cielo nocturno
en La Habana en febrero de 1898 cuando el acorazado *Maine*
se hundió, matando a 266 hombres, durante mucho tiempo
ocultó cualquier otra causa de la guerra de 1898. La expresión
tan conocida como "¡Recuerden el *Maine*!" ha sido desplazada
por la mayoría de los historiadores que opinaron que el Gobierno
de España había caído a causa del *Maine*. El consenso de los
eruditos modernos entiende que no fue una bomba en un barco de
guerra, sino un discurso en el Senado que provocó nuestra guerra
de 1898. Estudiosos revisionistas, mejor ejemplificados por uno
de los primeros, el profesor Gerald Linderman, han prevalecido.
En 1976, los revisionistas estaban fuertemente reforzados por
la Marina cuando su División de Historia Naval publicó un
incomparable estudio científico que concluyó que el *Maine* auto
detonó.[1] Cualquier anti *Maine* revisionista debe enfrentar hoy la
terrible verdad de una guerra iniciada por error.

Nada tan extraño obstaculiza el enfoque del viaje en el invierno
del Senador Redfield Proctor a Cuba y sus palabras posteriores
en Washington como un punto de inflexión de la historia. Las
palabras pronunciadas en la Cámara del Senado del Capitolio el 17
de marzo de 1898 e inmediatamente conocida a nivel nacional, el
discurso de Proctor fue el discurso más importante de esa década,

---

[1]   H.G. Rickover, Como fue destruido el acorazado *Maine*, (Washington,
DC: División de Historia Naval, Departamento de la Marina, 1976).

por cualquier persona sobre cualquier tema. Curiosamente, su discurso fue tranquilo y conversacional. Proctor no buscó notas altas, se sacudió sin gestos, rugió sin retórica, y no dio líneas o frases citables dramáticas. Sin embargo, nadie en el país resultó inmune a Proctor. La corriente de la opinión pública se volvió con los que esperaban evitar la guerra, leyendo las palabras de Proctor, llegó a la conclusión de que la paz con España era una vergüenza para mantener por más tiempo. El Presidente William McKinley fue presto a coincidir con la recitación de Proctor; sin embargo, sin sus propias observaciones personales del sufrimiento cubano, McKinley lo hizo con la liberación de los despachos horribles de los cinco cónsules estadounidenses en Cuba. Las "Correspondencias Cubanas", como se les llamaba, fueron del Departamento de Estado a todos los periódicos importantes el 11 de abril de 1898, el mismo día que el mensaje escrito de McKinley fue al Congreso, un mensaje que era tan objetivo y fáctico como el de Proctor. Por lo tanto, después de dos expresiones extendidas de buen juicio y análisis detallado, junto con las observaciones de testigos oficiales y no oficiales de la generalizada falta de humanidad española para los cubanos, primero por Proctor y luego por McKinley, el país se despertó y el Congreso fue llevado a declarar la guerra a España el 25 de abril 1898.

No tiene por qué haber sido así. Los Estados Unidos habían visto muchas calamidades cubanas sin intervenir. La rebelión anticolonial de José Martí de 1895 fue sólo la última de las siete revueltas en Cuba durante el siglo XIX. Después que Martí murió valientemente a lomos de un caballo blanco dirigiendo una de las primeras cargas frontales, atrevido pero mal aconsejado, su rebelión y su revuelta degeneró en una guerra de guerrillas esporádicas realizadas en toda Cuba. Los rebeldes no tomaron ciudades costeras, mientras que España, por métodos draconianos, logró controlar cuatro de las seis provincias de Cuba. Parecía igualmente posible que los rebeldes y los españoles lucharían indefinidamente (vista de Proctor) o que los rebeldes ya habían perdido (vista de John Tone) o que España estaba condenada (vista de más de los eruditos cubanos). En consecuencia, uno con toda razón se pregunta: ¿Por qué, sobre todo en este momento militar muy confuso, los Estados Unidos finalmente decidieron intervenir?

Proctor es la mejor respuesta de una palabra a esa pregunta. Fue entonces, y sigue siendo ahora, una respuesta inesperada. En febrero de 1898, varias coincidencias llevaron al Senador Redfield Proctor a Cuba. Extendiendo un poco sus vacaciones de invierno en La Florida, Proctor originalmente intentaba una breve visita a La Habana, el tiempo suficiente para comprender las condiciones de negocios en la isla. El Congreso estaba en sesión; una importante legislación estaba bajo consideración activa, y tuvo que regresar a Washington. Una vez en La Habana, sin embargo, fue saludado por su vieja amiga, Clara Barton, Proctor fue invitado para reunirse con ella. En esa oportunidad, recorriendo cuatro de las seis provincias de Cuba con la Cruz Roja, Proctor se convirtió en forma inesperada y rápidamente en una de las personas mejor informadas sobre la condición de los civiles cubanos. Tenía hechos que quería compartir. En el barco y el largo viaje en tren de regreso a Washington, Proctor hizo notas a mano que se escribirían como un comunicado de prensa. Pero ese plan también cambió. Las notas de Proctor, a través de otra serie de coincidencias en Washington, se convirtieron en un informe oral. Proctor era una figura pública reticente que rara vez hablaba, sin embargo el 17 de marzo 1898 habló en la Cámara del Senado con un relato en primera persona sobre la cuestión más candente de su tiempo. Proctor, no afiliado con Cuba Libre, parecía no tener agenda propia, en cambio de la "Junta Cubana" que había presionado con éxito en el Congreso. Considerado como creíble por su reciente regreso de Cuba, su informe de media hora del sufrimiento de los civiles, entregado con voz monótona y sin dramatismo mientras hablaba de los cientos de miles de hombres, mujeres y niños muriendo en los campos de concentración (registros estudiados desde entonces han confirmado la validez de su estimación) provocó indignación. Personas de costa a costa tomaron este testimonio como juramento del testigo que había regresado del infierno en la Tierra. Editoriales, caricaturas editoriales y titulares brillaron. La "cuestión cubana", que estaba latente desde hace años ahora ardió. Observación pasiva no era suficiente cuando los vecinos estaban sufriendo y muriendo. La declaración de guerra en abril fue el resultado de una respuesta apasionada por millones del informe de Proctor de su gira de diez días. Proctor es el padre accidental de la era de la intervención militar humanitaria norteamericana en la que todos vivimos.

La respuesta apasionada del país se explica más adelante. El contexto histórico nos ofrece ayuda con la paradoja de una reacción tan espectacular a una recitación no dramática. Una buena analogía es un deslizamiento de tierra en preparación. El público estadounidense tenso, hambriento de información, hambriento de la palabra del intencionalmente mudo Presidente McKinley, quien permanecía ansioso por actuar bien su papel mientras que el *Maine* seguía siendo un misterio, encontró en Proctor un rayo que en un instante iluminó a los cientos de miles de cubanos sufriendo y muriendo. Su historia fue aprovechada como la narración de funcionamiento. De repente, nadie tenía que tener la mente abierta. De hecho, manteniendo una mente abierta un minuto más costaba vidas. La narración de Proctor liberó al público de la historia del *Maine*. El misterio del *Maine* podía descansar en el fondo del mar. Proctor aseguró la alternativa clara y atractiva para la toma de decisiones a nivel nacional, una historia de inocentes cubanos y villanos españoles. Rescate, sobre venganza, presentó un motivo noble para la acción. Y hubo un último pero importante factor también en juego: Proctor fue creíble, como un veterano de la Guerra Civil con cicatrices de batalla, el ex-Coronel de un Regimiento de Voluntarios de Vermont, y el ex-Secretario de Guerra fue muy bien considerado, cuando le dijo al público que las tropas españolas estaban mal entrenadas y mal suministradas. En total, en las declaraciones de Proctor, el deber de los Estados Unidos era evidente. En un acontecimiento muy raro, el discurso de Proctor, una vez transcrito por los periodistas en la tribuna de prensa e impreso en los periódicos, se veía tan rico con implicaciones morales que se leyó en voz alta, literalmente, desde los púlpitos como un llamado a la acción. Informado por Proctor, el público esperaba sólo la palabra próxima de confirmación del Presidente McKinley, cuya "prescripción", al final del informe, Proctor les dijo de esperar.

Pero en ese punto, Proctor estaba equivocado.

McKinley no se indignó, pero enfureció con su amigo y aliado político de Vermont. Aunque McKinley había leído las notas de Proctor--en la mañana del 17 de marzo de 1898, Proctor había ido a la Casa Blanca específicamente para ese propósito--McKinley no esperaba ningún discurso tan pronto del característicamente callado senador. McKinley tenía su propio plan. McKinley, quien en la víspera de la Navidad de 1897 invitó a los estadounidenses a pagar por la paz, por así decirlo, con contribuciones masivas para alimentar a los cubanos hambrientos, y quien personalmente solicitó la promesa de Clara Barton para ir a Cuba ella misma para ejecutar las actividades de socorro, y que consiguió el acuerdo de España para suspender las tarifas aduaneras con el fin de enviar los masivos suministros de alimentos libres de impuestos en Cuba desde los Estados Unidos, estuvo avergonzado. Esa mañana en la Casa Blanca, McKinley puso en duda la integridad de las notas de Proctor y sugirió que se hiciera más investigación sobre cuales eran las condiciones en Cuba normalmente. De hecho, McKinley esperaba silenciar el discurso de Proctor. McKinley le admitió más tarde a Proctor su intención de poner a otro líder republicano para cortar el paso de su discurso. McKinley incluso cuestionó a Proctor sobre el tiempo de su discurso que entendió implícitamente (incorrectamente) que Proctor debería esperar un poco antes de hablar. En un breve discurso entregado inmediatamente, Proctor derrocó la cuidadosa política de paciencia de McKinley. No le importaba a McKinley que Proctor hablara poco después de salir de la Casa Blanca, pero Proctor fue apresurado por un inteligente senador pro-guerra desde el pasillo del Capitolio al guardarropa del Senado y al piso del Senado. Las puertas del patronaje abiertas a Proctor se le cerraron durante el alboroto que siguió a su relato de la situación en Cuba, un relato que forzó la mano de McKinley.

Sin embargo, a regañadientes, McKinley siguió el ejemplo de Proctor. Antes que McKinley rompiera su silencio, él sabía que los estadounidenses estaban ansiosos por luchar para salvar vidas cubanas. Más de tres semanas después de que Proctor habló, McKinley sabía exactamente qué decir. Cuando McKinley envió un mensaje al Congreso el 11 de abril de 1898, no destacó el *Maine*. En su lugar, aganchándose ante la tormenta que Proctor había despertado, McKinley enumeró cuatro razones para intervenir en Cuba, coronada por el deber humanitario de un país fuerte para rescatar a sus vecinos enfermos y hambrientos. Las huellas digitales de Proctor están en ese mensaje. Los ecos de McKinley no sólo fueron inspirados por el discurso ampliamente aclamado de Proctor, sino también por una sola carta--de Proctor. Surcando la ola de popularidad aparentemente mágica, Proctor realmente escribió a McKinley una carta de consejos a finales de marzo. Secreta en el momento, citada en su totalidad en este libro, la carta de Proctor se conserva entre los papeles de la Biblioteca Presidencial de McKinley en Canton, Ohio. A través de esa carta, Proctor llevó a McKinley a cambiar su última línea.

McKinley originalmente intentó una solicitud climática para que el Congreso aprobara los fondos para el alivio de Cuba, y que el gobierno federal financiara el proyecto humanitario de la Cruz Roja. Finalmente, de acuerdo con el consejo directo de Proctor, omitió estos motivos y terminó abierto a sugestión.

Por lo tanto, irónicamente, la guerra de 1898 es una guerra no precedida de gritos de guerra. Ni McKinley, ni Proctor, pidieron guerra en ningúna forma memorable o de agitación. Igualmente, irónicamente, el éxito de Proctor fue un grado en su caída (aunque fue temporalmente). Proctor arriesgó e inmediatamente perdió su preciado rol como "persona de confidencia" de McKinley para salvar la vida de los extranjeros pobres en la isla de otro país. El discurso del 17 de marzo de Proctor en el Senado puede ser visto como un acto de valentía. En ese día en el Senado, Proctor se presentó con un perfil de coraje.

Sin embargo, los acontecimientos posteriores oscurecieron la valentía de Proctor. Una guerra corta inesperada siguió rápidamente, un conflicto relativamente incruento espectacularmente comenzado con la Batalla de Manila de un día, sin bajas estadounidenses del Almirante George Dewey. Hostilidades breves no sólo derrocaron a España de Cuba, pero también dejó a los Estados Unidos como una potencia duradera fuerte y con territorios alrededor del mundo. Como McKinley y otros se codeaban por el crédito, Proctor tuvo que buscar influencia incluso para ser invitado a la recepción con la cual el presidente celebró a los veteranos que regresaban. Pero el tiempo cura todas las heridas. No sólo Proctor olvidó los desaires de McKinley y minimizó cualquier crítica en sus recuerdos, en una forma de justicia poética, Proctor, quien sobrevivió a McKinley, disfrutó muy buenos tiempos con el sucesor de McKinley, el entusiasta Theodore Roosevelt, quien como Coronel de un Regimiento de Voluntarios había cargado San Juan Hill en Cuba. Cómodamente reelegido, Proctor permaneció en el Senado hasta su muerte en 1908. Sin embargo, su fama en gran parte se enterró con él. Porque la historia debe a Proctor mayor reconocimiento de lo que ha conseguido, en este libro Proctor cabalga de nuevo, por decirlo así, una vez más dejando su huella en la historia de Cuba, donde fue para ser informado y donde se inspiró para redactar el discurso de su vida, un informe sobre Cuba, palabras que provocaron la guerra de 1898.

-Wayne Soini

Capítulo 1

REDFIELD PROCTOR
DE VERMONT

R EDFIELD PROCTOR, EN ÚLTIMA INSTANCIA, muy rico, nunca fue realmente pobre.[2] El padre de Proctor, Jabez Proctor, era un hombre de negocios bien conocido, propietario de una granja próspera, y un político activo. La madre de Proctor, Betsey Proctor, por desgracia una persona mucho menos documentada, parece haber sido una administradora notable y frugal no sólo querida por sus hijos, pero admirada por ellos. Proctor tuvo que tratar pronto y con frecuencia con circunstancias cómodas y, aunque hubiera superado la desventaja de riqueza relativa, creció un poco estropeado y perezoso. Una falta de disciplina paterna,

---

[2]   Congreso de EE.UU., Redfield Proctor (fallecimiento de un senador de Vermont): Discursos Memorial. Cong. 60a, 2da Sesión, 1908-09, (Washington: Imprenta del Gobierno, 1909), 34. (Senador Perkins de California) El padre rico de Proctor, sin embargo, puede ser secundario en el año de nacimiento de Proctor como la causa de su condición más tarde como multi-millonario. Vea el libro provocativo "Outliers: La Historia del Éxito" de Malcolm Gladwell (Nueva York: Little, Brown y Co., 2008). En las paginas 56 a 63 de su libro Gladwell corrobora un arquetipo en 1831-40 del grupo de natalidad masculina de los Estados Unidos. Incluso hubiese sido pobre, Proctor obtuvo ventajas importantes desde su hora de nacimiento. Gladwell cita el sociólogo C. Wright Mills, "El mejor momento en la historia de los Estados Unidos para un muchacho pobre y ambicioso para tener éxito en los negocios fue haber nacido alrededor del año 1835."

sin supervisión de los padres, siguió la muerte de Jabez Proctor
cuando Proctor tenía ocho años. A medida que el más joven y
mimado de los cuatro hijos, Proctor creció un poco indiferente.
Él caracterizó sus años de su juventud como un tiempo cuando
estaba "más interesado en explorar las colinas en busca de juegos
o siguiendo corrientes por peces que en sus libros".[3] (Y en esa cita,
trabajo notable o tareas pesadas ni siquiera figuran como opciones).

Ningún erudito anterior ha enfatizado en que Proctor
de los ocho a 21 años creció en un hogar monoparental. La
importancia de la madre de Proctor está clara, pero los detalles
son escasos. El contexto familiar de los primeros años de Proctor
sólo puede esbozarse. Sin embargo, es claro que Betsey, aunque
suficientemente joven y rica como la viuda de un "agricultor,
comerciante y fabricante"[4] nunca se volvió a casar a pesar de ser
una socia deseable y elegible. Esto puede haber tenido algo que ver
con la ley patriarcal de la época. Es decir, Betsey no podría volver
a casarse sin considerar que, si volvía a casarse, una viuda pierde
un derecho legal para administrar los bienes y propiedades de su
difunto esposo en beneficio de su nuevo marido. Pero Proctor
nunca habló o aludió al sacrificio de su madre. Posiblemente,
Betsey nunca consideró la vida de soltera ser un sacrificio. Quizás
Betsey prosperó en forma independiente y se contentó con plena
conciencia de ser la única jefe de su familia. Tales detalles no
sobreviven para nuestra comprensión de la dinámica del hogar.

Sin embargo, si Proctor no era su hijo favorito, su mera
supervivencia le hizo así. Betsey perdió sus otros tres hijos adultos
de una serie de tragedias no relacionadas. Su hijo mayor murió lejos
de casa tratando de encontrar oro en California. Su hija mayor,
entonces esposa del Registro del Tesoro de los Estados Unidos,

---

[3]   Id., 61.
[4]   Ruth Lois Tweedy, "La vida de Redfield Proctor", tesis de maestría de la
      Universidad de Illinois (Urbana), 1942, 1.

murió en una explosión y fuego en un buque de vapor. Cuando su
última hija sobreviviente murió de fiebre tifoidea, Proctor a los 21
años era hijo y heredero único de Betsey. La opinión expresada y
mantenida de Proctor de su madre es que "no había ningún lugar
en el mundo ocupado por una mjuer, por elevado que sea, que su
madre no podría haber llenado"[5] parece reflejar su evaluación de
la administradora más dotada que él sabía, en su género. A partir
de ese comentario nos atrevemos a especular que en Betsey un
hábito de práctica más que la preocupación emocional para otros
puede haber dominado. Los hechos, que primero se convirtió
en un jefe de familia que, como hija mayor de diez años, su
madre murió y Betsey tuvo que crecer rápido para ayudar a su
padre agricultor a criar a sus hermanos y hermanas más jóvenes,
"uno de los cuales era sólo una pequeña bebé".[6] Uno se imagina
una niña terriblemente joven, luego una mujer, siempre cargado
con grandes responsabilidades. Durante el matrimonio y en la
viudez, ¿fue para Betey un vicario deleite liberar a su hijo de graves
responsabilidades temprano y en su vida adulta?

Betsey, cuyos horizontes pueden haber sido socialmente y
geográficamente limitados, sin duda alimentó a sus propios hijos
a explorar el mundo. Y los experimentos de este tipo en la crianza
de los hijos pueden ser contraproducentes. La libertad incluye la
libertad de fracasar. Betsey presumiblemente bendijo la decisión de
su hijo mayor en buscar oro en California, una iniciativa arriesgada
que le costó la vida. Mas tarde, nada, ninguna broma, no malicia,
no error, nunca la separó de Proctor. Ella parece más bien haber
protegido y amortiguado a su hijo de las consecuencias severas
cuando actuó irresponsablemente. Proctor fue casi expulsado de
Dartmouth por una broma famosa: él encendió fuegos artificiales
durante el discurso de un diputado visitante. Cómo él o su madre

---

[5]   Id., 2.
[6]   Tweedy, 2

o su tío, el presidente del Tribunal Supremo de la Corte Suprema de Vermont, u otro patrón logró hacer más tolerable las sanciónes, es oscuro. Lo que está claro es que permitieron a Proctor graduarse después de su truco, y su madre todavía le entregó una suma sustancial de dinero tras su graduación en 1851. Él admitió de perderlo todo (alrededor de $1,600) en Minnesota el mismo año, en condiciones que lo avergonzaron suficientemente y que nunca más tarde nombró o describió el origen de la inversión, incluso en términos generales. Pero entonces, Proctor se transformó. Como o por qué influencia es absolutamente poco claro--por falta de datos, nos imaginamos a Proctor escuchando y aprendiendo de su madre emprendedora, incluso para recuperar la confianza a través de ella--pero el bromista, pródigo Proctor desapareció, y fue reemplazado por un nuevo hombre. Como la disertación en 1980 por Chester Winston Bowie[7] enfatiza, un hombre solemne y serio regresó a casa de Minnesota. Betsey no desheredó a Proctor, sino que insistió en que administrara las empresas familiares. A pesar de que ella había administrado las cosas lo suficientemente bien por durante más de diez años (y posiblemente por veinte si el tiempo consumido en las posiciones políticas de su marido, como juez, o cualquier enfermedad crónica, hubieran impuesto tales funciones en ella anteriormente), Betsey entregó las riendas de la granja de la familia a Proctor. Que Betsey tenía valor era inmediatamente obvio; que ella ejerció buen juicio era sólo gradualmente claro.

Proctor se casó pero Betsey también puede estar detrás de su matrimonio, era la heredera de la familia más prominente y rica de la ciudad más próxima. Además, Betsey bien puede haber alentado, moralmente si no económicamente, sus estudios

---

[7]   Chester Winston Bowie, "Redfield Proctor -- una biografía", doctorado, tesis de la Universidad de Wisconsin (1980). Aunque la tesis de maestría por Tweedy es un cuarto del tamaño de la obra de Bowie, contiene algunos detalles no encontrados en Bowie, quien parece no haber consultado a ella.

de postgrado en Dartmouth y luego en la Escuela de Derecho de Albany. Raro en aquella época, Proctor fue a la escuela de derecho después de casarse y del nacimiento de un hijo.[8] (Y se fue a estudiar en un momento en que muchos otros aprendieron su profesión trabajando como dependientes en despachos de abogados). Después de la graduación de su hijo de la escuela de derecho, Betsey o Proctor se conectaron con el principal Juez Isaac Fletcher Redfield de Vermont. Redfield, el hijo del hombre del que Proctor había sido nombrado. Redfield renunció como juez en 1860 después de veinticuatro años en la Corte Suprema de Vermont. Bastante joven, 56 años, Redfield se trasladó a Boston para ejercer la abogacía. Por ninguna razón aparente más allá de su parentesco, invitó al novato abogado Proctor a unirse a él.[9]

Su asociación resultante no parece haber sido cordial. Por un lado, Redfield estaba acostumbrado a la compañía de los jueces y los argumentos aprendidos de los defensores experimentados. En la mayoría de los casos, con la mayoría de los temas y procedimientos de un bufete de abogados o en el tribunal, su joven ayudante hubiese sido un compañero frustrante y embarazoso. Por otro lado, Redfield tenía un "hábito de la moralización" distinto en sus dictámenes judiciales. El hábito probablemente refleja su acercamiento a la vida fuera de la corte. Porque Proctor en la edad adulta no era miembro de ninguna iglesia, y más práctico y político que piadoso, los motivos de fricción diaria entre los dos hombres existían. Otro hábito causó probablemente aún mayor fricción. Redfield, el empleador de Proctor, era notoriamente frugal. Un pariente de Vermont visitando Boston le preguntó una vez de Redfield sobre su sombrero de seda gastado. Redfield explicó que él se negaba a comprar uno nuevo, prefiriendo, dijo, que "todo

---

[8]   El hijo Fletcher y el nieto Mortimer de Proctor ambos vinieron a ser gobernadores de Vermont.

[9]   *New York Times*, 3 abril de 1898, sección de la revista, 2.

aquel que vea éste sabrá que el portador del mismo ha sido un caballero durante mucho tiempo".[10] Por el contrario, Proctor, el graduado elegante de Dartmouth y de la facultad de derecho, se vestía bien. Por último, su tío sabía del bromista y pródigo Proctor muy bien como para confiar o incluso animarlo con ninguna frivolidad. En última instancia, Proctor nunca escribió de cualquier afectuación de su distinguida relación; eligió la guerra por sobre la práctica de la ley en Boston. Tan pronto como estalló la guerra en 1861, Proctor huyó rápidamente de Boston para atender el llamado del Presidente Lincoln por los voluntarios y firmar en la 3ª Voluntarios de Infantería de Vermont.[11]

En el servicio militar, sobresalió Proctor, encontró camaradería y aprovechó oportunidades para liderar. Popular pero modesto, un hombre preocupado por sus compañeros de Vermont, Proctor ascendió rápidamente y con orgullo como Mayor con el 5° Voluntarios de Vermont. Desastres y hasta la muerte lo amenazó inesperadamente. Luego cayó enfermo y, cuando ya no podía negarlo, escupiendo sangre, se le diagnosticó tuberculosis avanzada. Las tasas de mortalidad de la enfermedad en ese momento eran tan altas que este diagnóstico fue visto como una sentencia de muerte. Médicos del ejército se encogieron de hombros, firmaron el alta médica, y enviaron a Proctor a casa para morir. Nadie en el frente de guera esperaba ver a Proctor de nuevo, sólo anticipaban oir de su fallecimiento. La recuperación de Proctor fué mucho más sorprendente que su infección. Una vez de vuelta en Vermont, sin duda con el apoyo de su esposa y su madre que lo habrían cuidado, Proctor no se resignó de ir a su cama a

---

[10] De las "Rumias Meditaciones", un artículo de Paul Gillies de la abogacía de Vermont que está disponible en línea en www.vtbar.org/Images/ Journal/journalarticles/Summer%202004/ruminations/pdf (consultado el 02/01/2009).

[11] *New York Times*, 3 de abril de 1898, sección de la revista, 2.

morir, sino que, en un primer momento con voz temblorosa y, poco a poco por su cuenta y con asistencia, sorprendió a todos al caminar y, avanzando, caminó hasta que fue lo suficientemente fuerte para pescar. Luego salió a pescar hasta que estuvo todos los días paseando y pescando en un lugar fresco, en el aire seco de la montaña. La curación de Proctor era ni repentina ni segura, una recaída siempre era posible. Increíblemente, sin embargo, dentro de seis meses, suficientemente aliviado y ganado peso para llenar su uniforme holgadamente,[12] Proctor se impuso a su médico para qué lo considerara bien de salud. En lugar de morir Proctor estuvo de vuelta en el servicio, siendo un veterano experimentado, fue elegido por unanimidad Coronel de los 15° Voluntarios de Vermont.[13] Proctor, en la creencia mística de que, literalmente, le debía su vida a Vermont, estuvo totalmente preparado para batallar con otros de Vermont para luchar a la muerte. Tomando armas a principios de julio de 1863, fue asignado primero con el 15° hasta el centro del "Cemetery Ridge" en Gettysburg, Pennsylvania, precisamente donde la carga de Pickett estuvo cerca de abrumar a los defensores de la unión durante la feroz y sangrienta lucha. Afortunadamente, gracias a intervención divina, el regimiento de Proctor fue asignado en el último momento a las tropas auxiliares. Aun así, Proctor aguantó penurias de campaña y vio acción en Centreville, Fairfax Court-House, y en otros campos de batalla.[14]

Pero ninguna de las batallas dio forma a su futuro personal de manera tan dramática como una sola promesa que él hizo y vivió para cumplir. Proctor, sin duda no iba a volver a Boston o ejercer la abogacía con un familiar de nuevo, pensó en otra cosa o simplemente saltó a una opción más atractiva. En algún momento

---

12 Basándose en origenes desconocido(s), Tweedy dijo que Proctor "volvió a la acción en el otoño, aunque su tos persistía". Tweedy, 7.

13 *New York Times*, 3 de abril de 1898, sección de la revista, 2

14 Tweedy, 7.

durante la guerra, Proctor y Wheelock Veazey, un amigo de toda la vida y el Coronel del Regimiento 16ª de la Brigada de Proctor,[15] se comprometieron a convertirse en socios en abogacía en caso de que ambos sobreviven. Cuando ambos sobrevivieron, abrieron una pequeña oficina de abogados juntos en Rutland. Su oficina se convirtió inesperadamente en el trampolín de Proctor para los negocios y, por tanto, a la riqueza inimaginable como el "barón de mármol". En efecto, Proctor pronto dejó su firma de abogados un tanto próspera enteramente a Veazey poco después de que la empresa de mármol Sutherland Falls cayó en dificultades financieras. Eso fue cuando Proctor, asignado a la función cuasi- judicial de receptor del pequeño, defectuoso molino de mármol,[16] vio una rara oportunidad en lugar de una tarea normalmente realizada por los abogados como una serie sistemática de recaudación de las facturas, cartas de reclamación y demandas. Después de examinar los libros en su típica manera humilde y papel marginal, Proctor cortejó a una empresa de mármol más grande, más estable, para fusionarse con Sutherland Falls.

De esta todavía pequeña operación, Proctor, el receptor, todavía menos que una mosca en la pared, aún al margen, apostó por el volátil, auge-o-ruina del negocio del mármol, y audazmente decidió comprar las acciones por sí mismo. Buscó de poseer y controlar la nueva operación. Después de haber comprado como pudo en su precio dichas acciones en Vermont, él copió los nombres y las direcciones de la lista de empresa de los accionistas y se fue más allá de Vermont para encontrarlos. Esa búsqueda, a caballo y en tren, lo llevó por todo Nueva Inglaterra. Entre otros, se dirigió a John Spaulding, un banquero de inversión en Boston que era dueño

---

[15] G.G. Benedict, <u>Vermont en la Guerra Civil, Una historia</u>, (Burlington, Vermont: La Asociación de Free Press, 1888), vol. 2, 411.

[16] *New York Times*, 3 de abril de 1898, sección de la revista, 2, dice que Proctor fue nombrado receptor "de elección de todas las partes" de un litigio relacionado con la compañía Sutherland Falls. No se dio ninguna fuente.

de un buen paquete de acciones en la Sutherland Falls Marble Company. Proctor planeó comprar las acciones de Spaulding pero su evidente entusiasmo se convirtió en un obstáculo. Su visión del florecimiento para los negocios llegó a Spaulding en conversación de uno-a-uno. Después de su entrevista, Spaulding se negó a vender. "Me gusta su espíritu y su plan y me gustaría quedarme con usted", le dijo Spaulding. Él hizo una oferta diferente, diciendo a Proctor, en la votación de confianza de un corredor experimentado que confirmó el juicio de Proctor y estimuló más su deseo de aceptar el reto, "Puede tener mi poder para votar a su gusto y si usted necesita más dinero lo haré de mi parte ".[17]

La acción de Spaulding resultó ser típica. Proctor, uno a uno, no podría hacer una mala impresión a los empresarios. No sólo los accionistas, pero los competidores querían a Proctor, empresa siguió a empresa en combinación con la pequeña operación de los dos molinos originales de Proctor. En última instancia, había sólo dos grandes empresas de mármol Vermont. Uno de ellos era de Proctor y el otro era el Marble Company de Rutland. Como él puso su mirada en su principal competidor, el Marble Company de Rutland ofreció a Proctor el cargo de gerente.[18] Proctor arregló las dos empresas hasta que pudo consolidar a ambos como el Vermont Marble Company y convertirse en su presidente.[19] La empresa local originalmente de los doscientos o trescientos trabajadores había crecido, en las manos de Proctor, creció en una multi-cantera de varios millones de dólares con más de 1.500 trabajadores.[20] La gestión de Proctor había sido buena. Sus habilidades de organización, delegación de funciones,

---

[17] Frank C. Partridge, "Redfield Proctor, Su Vida y Servicios Públicos." Actas de la Sociedad Histórica de Vermont para los años 1913-1914 (1915), 69.
[18] Id., 70.
[19] Id.
[20] *New York Times*, 3 de abril de 1898, sección de la revista, 2.

supervisión estrecha de los presupuestos, y medidas de reducción de costos fundaron un monopolio comercial como resultado de un grupo de ligera competencia. A partir del 1893, la nueva, pero rica en efectivo[21] compañía de Proctor era sólida y suficientemente solvente para evitar la peor depresión del país que había conocido. A lo largo de este tiempo, Proctor nunca había dejado de actuar como organizador frecuente y generoso contribuyente en las reuniones de los veteranos de Vermont. Esa misma actividad generó y mantuvo una red de veteranos de guerra leales, el núcleo del electorado de varones, que permitió a Proctor, un orador pobre, para así tener éxito en las elecciones. Veteranos votaron por Proctor para un asiento en la legislatura de Vermont, luego vicegobernador del estado y, por último, gobernador.

Además de las reuniones de veteranos, banquetes, y excursiones, Proctor financió un sanatorio para tuberculosos. También estableció bibliotecas y clínicas, y pagó la construcción de iglesias para sus trabajadores en la ciudad que lleva su nombre, Proctor. Cuando nadie más podía establecer un banco necesario en una creciente comunidad, él hizo el trabajo de investigación y envió los fondos en la dirección del banco nuevo. El fué práctico y con mentalidad cívica pero también podía ser grandiosamente sentimental. Proctor nunca olvidó a su viejo caballo de guerra, un semental Morgan al que le permitió alimentarse en su césped. Cuando murió "Old Charley", Proctor enterró su cuerpo en su finca ajardinada en Otter Creek. En otro notable tributo a la tumba de "Old Charley", un especial "terreno bien cuidado",[22] fué sólidamente y permanentemente marcado por un bloque de veinte toneladas escogidas de mármol de Vermont.[23]

---

21   La compañía de Proctor nunca hizo menos de $100.000 en ganancias anuales durante la década de 1890.

22   *The Vermonter*, vol. 9, 350 (julio 1904).

23   Recorte, n.d., Archivos Proctor, Biblioteca Pública Gratis Proctor, Proctor, Vermont, (en adelante, "PFPL"), carpeta 7, caja 19.

Capítulo 2

REDFIELD PROCTOR, FIGURA NACIONÁL

Tras ejecutar la escala de las oficinas estatales, Proctor transmitió las riendas de la empresa consolidada y global a su hijo, Fletcher, y se unió al Gabinete del Presidente Benjamin Harrison como su Secretario de Guerra. En esa oficina Proctor se desempeñó predeciblemente bien. Un haz de energía, el ex-Coronel y hombre inteligente de negocios dio la orden de cuadrarse al Ejército hasta un grado de eficiencia y una mayor responsabilidad que en años no habían experimentado. Entre otros proyectos, Proctor revisó el Código de Justicia Militar, fusionó las divisiones de pensiones en una sola oficina, estableció los exámenes de promoción, inició anuales evaluaciones del personal por escrito y formas regulares, formas firmadas y fechadas de inspección de todos los puestos del ejército. Proctor básicamente redujo la posibilidad de ocultar las deficiencias y, cuando su sistema expuso malas condiciones y comandantes ineptos, tomó una acción rápida y decisiva. Su combinación de exponer las deficiencias y tomar medidas pagó dividendos en la moral. De hecho, la tasa de deserción del Ejército se redujo a la mitad.

En un drama que se generó mayormente en el sur, Proctor obtuvo la mayoría de la prensa, y la notoriedad regional, durante una controversia única que se presentó cuando Jefferson Davis murió. Ninguna ley requiere bajar las banderas a media asta por la

muerte de un ex-Secretario de Guerra, pero eso era la costumbre.
Cuando murió Jefferson Davis, que había servido como Secretario
de Guerra, y que fue mucho más conocido por haber sido el
presidente de los Estados Confederados de América, Proctor se
negó a bajar la bandera nacional en su honor. Editores del sur se
escandalizaron, los periódicos criticaron, y hubo incluso algunas
demostraciones públicas.[24]

Sin embargo, el incidente probablemente no le hizo daño en
Vermont, donde Proctor se mantuvo alerta para el siguiente paso
en la escala política. Cuando de repente surgió una vacante del
Senado en Vermont, por renuncia de George Edmunds, un "Silver
Republican" (republicano de plata), Proctor tenía buenas cartas
para jugar. Cortejando al Gobernador Carroll Page, que sería
considerado para nombrar a un colega republicano para completar
el resto del mandato de Edmunds, la posición de Proctor en el
gabinete le proporcionó una fuerza inusual, y Proctor lo capitalizó
en buen estilo. Proctor invitó a Page, un ex-traficante a gran escala
en cuero crudo, para una gran gira por los puestos del Ejército en
el Occidente.

Uno se imagina que Proctor, quien se destacó por sus
conversaciones entusiásticas de uno-a-uno, le dio la idea al
Gobernador de nombrarlo durante su viaje en tren al oeste. O puede
no haber dicho nada y dejar una gran generosidad ser naturalmente
correspondida. De cualquier forma, directa o indirectamente,
Proctor tuvo un montón de tiempo para demostrar que sus
contactos en Vermont se mantenían fuertes, para recordar a Page
que sus intereses comerciales eran la piedra angular de la economía
de Vermont, y para mostrar que su perspicacia política nunca

---

[24] Bowie, 260-262. Bowie dijo que algunos residentes de Mississippi lo
colgaron en efigie, con un cartel, "Redfield Proctor, cobarde". Ninguna
reacción de parte de Proctor está documentada. En efecto, parece no
haber estado nunca interesado en el tema de la bandera en público.

había sido más intensa, pasando nombres para ilustrar su récord de colocar ciudadanos de Vermont en buenos puestos de trabajos federales y en el patrocinio de proyectos públicos en Vermont. Tales palabras no registradas dejadas de lado, los escenarios exóticos y la emoción de las maniobras de caballería, con banderas y bandas saludando y recibiendo a los comités, brindando a la salud de los invitados de honor, habría favorablemente impresionado y complacido el presidente ejecutivo de Vermont, que incluso podría haber encontrado un poco de tiempo para hacer recuerdos con sus viejos contactos en el negocio de cuero crudo en el que hizo su fortuna. A su regreso del Occidente, el gobernador Page nombró Redfield Proctor como Senador interino del estado. La elección de Proctor y su reelección siguió a su nombramiento provisional.

Proctor, que nunca enumeró las razones por las que quería ser senador, sin duda no entró en el Senado para una audiencia. A pesar del éxito de Proctor como un hombre de negocios de uno-a-uno con otro empresario, cuando un cierto tono tranquilo y deliberativo fue persuasivo, discursos públicos de manera similar no tuvieron efecto. "Él nunca se esforzó por el efecto en la oratoria",[25] George L. Rice dijo a la audiencia en Rutland en el funeral de Proctor.

Roger Cooley, quien escribió una disertación de los años en Vermont de Proctor, vio a Proctor como un hombre que "le gustaba pasarlo bien y era naturalmente sociable ... siempre un mezclador entre los hombres que conocía en los círculos políticos, militares o profesionales",[26] pero mudo ante más de un puñado de personas. En efecto, la correspondencia de Proctor en lugar de discursos proporcionó a Cooley con casi todas sus citas de Proctor.

---

[25]   El recorte de este periódico no indentificado fue estampado a mano el 16 de marzo de 1908, PFPL.

[26]   Cooley, Roger G. "Redfield Proctor: Un estudio en liderazgo, el Período de Vermont". Tesis doctoral de la Universidad de Rochester, 1955, p 384.

Incluso en las reuniones de los Veteranos de la Guerra Civil, una actividad que Proctor disfrutaba inmensamente, no le motivó a hablar en cualquier longitud y con fluidez. Cooley escribió que

> la inclinación que algunos hombres tenían para la oratoria no era de Proctor. De hecho, uno tiene que examinar las ocasiones de su vida posterior, en las sesiones de la Legislatura o el Congreso para tener en cuenta que rara vez hablaba, y por lo general de un texto escrito. Sin embargo, su presencia siempre fue sentida [en las reuniones de veteranos] y siempre fué llamado a contribuir en alguna palabra para la ocasión. Cuando lo hizo, fue posible detectar una intranquilidad en los comentarios que se registraron.[27]

Hablando a título póstumo y con cortesía de una persona pública que no podía hablar, Representante Haskins le dio su mejor opinión. Dijo de que los discursos de Proctor se elaboraban con gran cuidado y entregados sin la menor apariencia de pasión, pero de la manera más tranquila y sin ningún intento de mucha pompa".[28] Haskins opinó que "no era su propósito para remover la sangre de los hombres, sino a apelar a su razón y buen juicio".[29]

Mutismo coloreado, "calma inalterable" se dijo para caracterizar a Proctor en el cargo.[30] El senador subalterno de Vermont, en silencio público, una figura pública de *gravitas*, garabatió notas y realizó ofertas a través de charlas tranquilas, asegurando principalmente patrocinio federal para compañeros de Vermont. Realizando con deferencia la tarea subterránea e

---

[27]   Id., 169-170.
[28]   Memorial, 72.
[29]   Id
[30]   *The Vermonter*, vol. 31, 71, (Julio 1908).

invisible, un atento lector de los informes oficiales cuya opinión fue especialmente valorada por los colegas menos letrados, Proctor también subió a fuerza de antigüedad para presidir la Comisión de Agricultura y Forestal comenzando en 1896.[31] Hizo pocos titulares, pero Proctor, un hombre de negocios que amaba la naturaleza al mismo momento que la agricultura se estaba convirtiendo en un negocio, era suficientemente popular entre los agricultores, a los que favorecía con los subsidios federales.

Nada de esto sugiere una idea de cualquier conexión cubana, excepto que Proctor fue conocido, si se conoce en absoluto, de ser un senador fiable y reticente, pero inteligente.

---

[31]   Partridge, 89.

Capítulo 3

SENADOR PROCTOR, AMIGO DE McKINLEY

A FUERZA DE LOS ESFUERZOS DE Proctor, incluyendo marchas de los veteranos de la guerra civil vestidos con corbata de color oro, el voto popular de Vermont por McKinley superó al de todos los demás estados. (Ochenta por ciento del electorado de Vermont votaron a favor de McKinley). Proctor podría haber tenido un puesto en el gabinete; prefería fácil acceso a McKinley. El triunfo arrollador del "Green Mountain" (montaña verde; Vermont), dio derecho a Proctor a su propia tribuna del desfile inaugural de McKinley. El 4 de marzo de 1897, Proctor presidió al Vermont McKinley Club en la esquina de la avenida de Pennsylvania y la calle 12.[32] El comité inaugural, que incluyó compañeros de Vermont

---

[32] Según Bowie, Vermont fue el único "estado" para tener su propia tribuna. Bowie, 337. Técnicamente, la "tribuna de Vermont" fue la tribuna privada del "Club de Vermont de McKinley". "Durante la campaña Proctor condujo la procesión hasta la entrada al porche de McKinley. Los republicanos llevando insignias de solapa de McKinley y corbatas de color dorado cantaron a su candidato, 'Te queremos, McKinley, Sí, te queremos' ." Leech, 92. Proctor también había sido uno de un puñado de asesores económicos de McKinley.

como el coronel Myron M. Parker,[33] que más tarde iría a Cuba con Proctor, disminuyó las reglas para permitir que se construyera la tribuna. Más, Parker aseguró que la Guardia Nacional de Vermont, participando en un desfile inaugural por primera vez, marchara cerca del comienzo de unos 20.000 "soldados y civiles".[34] Dirigido por Gobernador Grout a caballo, los residentes de Vermont fueron en el quinto lugar entre todos los estados representados.[35] Si el exuberante Gobernador Grout se acercó a la tribuna de Vermont como él lo hizo en el de la Presidencia, llegó precipitadamente en su corcel blanco, tiró las riendas para poner de pie a su caballo, se quitó el sombrero y se echó hacia atrás su capa con ostentación.[36]

A pesar de la presentación de los uniformes, la campaña de 1896 en realidad se había llevado a cabo en la política monetaria. Proctor y sus invitados se reunieron detrás de una enorme pancarta que proclamaba, "Vermont Dio McKinley 80% del Voto, Ningún Otro Estado le Dio Más Del 69%. Dinero Sano y Protección".[37] McKinley, quien habló con frecuencia sobre el oro, no hizo discursos

---

33 *The Vermonter*, vol. 2, 138 (marzo de 1897). El "comité ejecutivo a cargo de la inauguración" incluyó al Coronel Myron M. Parker nacido en Vermont (constructor y agente de bienes raíces en el Distrito de Columbia que había servido en el mismo comité de los presidentes Garfield, Harrison y Cleveland). Proctor escribió de Parker que había sido "un buen soldado" en la primera caballería de Vermont en la brigada de Custer y que trabajó después de la guerra en la oficina de correos en el Distrito de Columbia antes de convertirse en un "hombre de negocios", que era rápido, competente y personalmente popular. Parker también puede haber una vez compartido la aflicción de Proctor de la tuberculosis, como Proctor mencionó una "enfermedad grave y prolongada", que Parker venció. Carta de Proctor a William McKinley recomendando a Parker como mariscal del Distrito de Columbia, el 30 de enero de 1897, PFPL, carpeta 36, 225

34 *New York Times*, 5 de marzo de 1898, 1.

35 Id., 2. Sólo el estado natal del Presidente, Ohio, el estado natal del vicepresidente, Nueva Jersey, Nueva York y Maryland precedió Vermont

36 Id.

37 Fotografía, *The Vermonter*, vol. 2, 129 (marzo de 1897).

sobre Cuba. Él sólo brevemente consideró abordar la cuestión cubana en su discurso inaugural. Es decir, él se acercó a su Secretario de Estado designado, John Sherman, para sugerencias. Pero cuando Sherman le mandó "un memorándum redactado poco congruente, indicando que la intervención era, en la creencia de Sherman, inevitable...McKinley reflexionó sobre este consejo, editándolo y cortando la conclusión. Al final se desechó todo el memorándum".[38]

La audiencia inaugural, incluyendo el Presidente saliente Cleveland, oyó nada sobre Cuba. En lugar, McKinley afirmó generalmente de la política de no intervención y pagó un cumplido amable a Cleveland en su solución pacífica de la crisis de Venezuela.[39]

---

[38] H. Wayne Morgan, William McKinley y su América, (Nueva York: Editorial universitaria de Syracuse, 1963), 102.

[39] McKinley habló generalmente, sabiamente, y con aprobación de "la política de no intervención en los asuntos de gobiernos extranjeros sabiamente inaugurado en Washington", mientras estamos "siempre vigilantes de nuestro honor nacional, y siempre insistiendo en la aplicación de los derechos legítimos de los ciudadanos estadounidenses en todas partes." Más específicamente, McKinley declaró: "no queremos guerras de conquista, hay que evitar la tentación de la agresión territorial. La guerra nunca se debe considerar hasta que cada agencia de la paz ha fallado, la paz es preferible a la guerra en casi todas las contingencias. El arbitraje es el verdadero método de solución internacional, así como diferencias locales o individuales. "En este sentido, destacó el tratado de arbitraje entre los Estados Unidos y Gran Bretaña para resolver la disputa fronteriza venezolana, en espera de la ratificación del Senado, como "un glorioso ejemplo de la razón y la paz, no la pasión y la guerra, controlando las relaciones entre dos de las naciones más grandes del mundo, un ejemplo determinado a seguir por los demás"... McKinley pidió una pronta acción del Senado como "un deber de la humanidad" . Además, dijo que la "influencia moral de la ratificación de dicho tratado es difícil de sobrestimar en la causa del avance de la civilización...no puedo dejar de considerar la suerte que se reserva a los Estados Unidos para tener el liderazgo en tan gran trabajo". El discurso inaugural de McKinley se encuentra en http://avalon.law.yale.edy/subject-menus/inaug.asp (consultado el 11/01/2009).

Tal vez desconcertado por el silencio completo de McKinley sobre Cuba, Cleveland de mala gana trató de advertir a su sucesor. Durante el viaje de regreso juntos a la Casa Blanca, Cleveland le dijo a McKinley, "Lo lamento profundamente, señor Presidente, para pasar a usted una guerra con España. Vendrá dentro de dos años. Nada puede detenerlo".[40]

Si McKinley le creyó a Cleveland o no, él rápidamente decidió enviar a alguien a Cuba.[41] Offner llamó esta decisión el primer paso de McKinley hacia la creación de una política cubana.[42] Él le pidió a su vecino y uno de sus mejores amigos,[43] el Juez William Rufus Day, de ir a Cuba. Proctor sabía todo sobre esto y le escribió a Paul Brooks en Rutland que el Juez Day "va con el pretexto de investigar la muerte del Dr. Ruiz, pero su verdadera misión será, sin duda, para dar al Presidente su visión de la situación".[44]

---

[40] HH Kohlsaat, De McKinley a Harding, Recuerdos personales de nuestros presidentes, (Nueva York: Hijos de Charles Scribner, 1923), 64.

[41] La proximidad de Proctor a los planes cubanos de McKinley se ilustra por una carta que escribió a Brooks, mientras que Day todavía pretendía ser el hombre de la Administración en Cuba. "Espero que la visita del juez Day pueda ser productiva del bien ... a pesar de que va con el pretexto de investigar la muerte del Dr. Ruiz, pero su verdadera misión será, sin duda, para dar al Presidente sus puntos de vista sobre la situación. Les digo en confianza que el señor Partridge se habría unido con él en la misión a excepción de la condición de su salud, por lo cual como usted sabe él está en las montañas de Adirondack". La referencia a las montañas de Adirondack implica tuberculosis. Redfield Proctor a Paul Brooks, 10 de abril de 1897, PFPL, carpeta 7, 349.

[42] Offner, 42.

[43] Duncan, 37. "La casa de Day en Canton estaba sólo a tres puertas de distancia de las de los McKinleys." Duncan dijo que, después de las elecciones de 1896, cuando muchas personas se presentaron a McKinley, Day las tomaría en su casa.

[44] PFPL, carpeta 7, 348-349. Dr. Ruiz era un ciudadano estadounidense, cuya muerte en una cárcel de La Habana se consideró un suicidio por los Españoles pero asesinato por los periodistas estadounidenses. La cuestión sigue siendo un misterio.

Pero poco después que Proctor escribió esa carta, McKinley
se dió cuenta de que necesitaba el Juez Day en Washington. El
Secretario de Estado titular, John Sherman, cuyo memorándum
sobre Cuba McKinley había rechazado, era débil, si no senil,[45]
y McKinley deseaba a Day para ayudar con la política exterior.
(De hecho, cuando llegó la guerra, Sherman renunció y Day
se convirtió en Secretario del Estado en título y función). En
abril McKinley nombró Day asistente Secretario del Estado[46] y
rápidamente contrató a otro amigo,[47] William J. Calhoun, que
"no sabía nada de Cuba y la lengua española",[48] pero que había
servido con el Mayor en el Congreso, para ir a La Habana.

La primera elección de McKinley para ser su ministro de
España, John W. Foster, ex-Secretario del Estado y ex-Ministro de
los Estados Unidos a España, se negó. Se unió a Cleveland para
decir a McKinley que estaba seguro de la guerra entre los Estados
Unidos y España.[49] Ese virus parecía muy difundido ya que los
próximos seis candidatos de McKinley se negaron. McKinley debió
haber sido aliviado cuando un diputado de un solo mandato y el ex
teniente gobernador de Nueva York recomendado por "Boss" Platt,[50]

---

[45]   Morgan, 255-256.

[46]   Joseph Eregina McLean, <u>William Rufus Day, juez del Tribunal Supremo
       de Ohio</u> (Baltimore, Editoril Johns Hopkins, 1946), 30, citó el *New York
       Daily Tribune*, 24 de abril de 1898. ("La nominación ... fue una sorpresa
       no sólo para público sino para Day a sí mismo".)

[47]   Kevin Phillips, <u>William McKinley</u> (Nueva York: Henry Holt y Co.,
       2003), 93, llamó a Calhoun "uno de los operativos políticos (de
       McKinley)". Sin embargo, el lugar de Calhoun en la familia oficial pudo
       haber sido más periférica. Dawes tuvo que empujar a McKinley para
       nombrar Calhoun como Comisario de Comercio Interestatal. Charles G.
       Dawes, <u>Una revista de los años McKinley</u>, (Chicago: Editorial Lakeside,
       1950), 137, 142.

[48]   Offner, 55.

[49]   Offner, 55.

[50]   Offner, 55.

Stewart L. Woodford,[51] dijo que sí. Una total falta de experiencia diplomático[52] puede dar cuenta de la voluntad de Woodford para debutar en asuntos exteriores como el ministro de Estados Unidos en España en 1897. La buena noticia fue que Woodford tenía un gran interés en Cuba. La mala noticia era que él era un miembro de la "Liga Cubana" de Nueva York.[53] En resumen, Woodford simpatizaba con los insurgentes. Sin embargo, después de haber encontrado una persona dispuesta a ser su ministro de España, McKinley nombró Woodford su Ministro de España.

McKinley le permitió al Cónsul de Cleveland, Fitzhugh Lee, quedarse en La Habana. Dadas las negativas que tuvo en la provisión del puesto de ministro de España, puede que haya decidido no buscar alguien nuevo para Cuba. O McKinley pudo haber sentido positivamente que en la retención de Lee, mantuvo una mano con experiencia en el juego. En cualquier caso, la desventaja de la renovación del nombramiento de Lee fue que McKinley aseguró que sus informes periódicos de La Habana serían parciales. Como lo señaló John Tono,

> (u)no de los aliados más importantes de los Cubanos era el Cónsul de EE.UU. Fitzhugh Lee. El sobrino de Robert E. Lee, el ex comandante de la caballería confederada, y ex gobernador de Virginia, Fitzhugh Lee fue un activo político indispensable. Esto hizo que su ignorancia de España, Cuba y el idioma español perdonable e incluso útil ... (d)espreciando todo sobre España y la cultura española ...[54]

---

[51]   Id.
[52]   Id.
[53]   Id.
[54]   John Lawrence Tone, <u>De guerra y genocidio en Cuba</u>, 1895-1898 (Chapel Hill: Editorial universitaria de Norte Carolina, 2006), 222-223.

El primer emisario enviado, Calhoun, regresó de Cuba con noticias inquietantes. Reportando de una manera no concluyente sobre el Dr. Ruiz, Calhoun le dijo al presidente el 22 de junio 1897 de una isla "envuelta en la quietud de la muerte"[55] de la guerra por el terrorismo, la guerra de desgaste. De cualquier fuente[56] Calhoun estuvo correcto. Cuba estaba en ruinas. Los guerrilleros insurgentes y el ejército español estaban encerrados en un sangriento y mortal callejón sin salida. Como Lewis Gould resumió en el año 1980 rico en datos:

> Para ganar la guerra los cubanos siguieron una estrategia que hizo la mayor parte de sus recursos militares limitados. Evitando las batallas con los españoles numéricamente superiores, dirigieron sus energías contra la economía Cubana. Al destruir los cultivos, alterar el transporte, y participar en incesantes ataques 'hit-and-run,' los rebeldes inmovilizaron los soldados españoles y arruinaron la economía de la isla.[57]

McKinley decidió ignorar los cubanos insurrectos. Fue una determinación significativa. Todas las comunicaciones de McKinley se dirigieron a España. Tras el informe de Calhoun, McKinley advirtió al Ministro Español, Don Enrique Dupuy de Loma, que la guerra en Cuba debe "realizarse de acuerdo con los códigos militares de la civilización".[58] McKinley envió nada a los insurgentes, si bien ellos estaban comprometidos en sus propias

---

[55] Lewis L. Gould, La Presidencia de William McKinley (Lawrence, Kansas: Editorial universitaria de Kansas, 1980), 67.
[56] Tone, 210. ("Fuentes de Calhoun no son claras…")
[57] Gould, 60.
[58] Id., 67. La advertencia fue dada el 26 de junio de 1897.

tácticas terroristas. McKinley, básicamente, hizo eco al informe de Calhoun[59] y dijo a de Loma de que España no debe utilizar "fuego y hambre para lograr en forma indirecta incierta lo que el brazo militar parece incapaz de lograr directamente".[60]

A través de este drama, Proctor, en el banquillo, un mejor observador, siguió siendo un orador poco probable y campeón poco probable de la causa cubana. Antes de 1898, no hay nada en su historia que sugiere radicalismo, o asuntos de los intereses extranjeros o cualquier inclinaciones caritativas fuera de los Estados Unidos. La evolución en1898 de Proctor en un defensor efectivo de los reconcentrados muriendo en Cuba se enfrentó nada menos que con cinco obstáculos. En primer lugar, Proctor, sin experiencia demostrada en los asuntos exteriores, no hablaba ninguna lengua extranjera. Cruzó la frontera sólo para cazar y pescar en los cuatro clubes de deportistas a los que pertenecía en Canadá. En segundo lugar, Proctor personalmente descontó la angustia de Cuba. Antes de ir a Cuba a sí mismo, Proctor juzgó nuevos relatos del sufrimiento cubano de ser exagerados y poco fiables. En tercer lugar, después de tres años de guerra civil, en 1898 Cuba era un estado policial en ruinas, la propia Habana un lugar peligroso para un millonario elegante de 66 años de edad para visitar, mucho menos el resto de la isla. En cuarto lugar, un recorrido de hechos en Cuba patrocinado por el congreso de 1898 estaba en el lugar para el que otros habían sido seleccionados. En quinto lugar, y quizás lo más importante, Proctor rara vez hablaba en público. Un político siempre en las alas y nunca al centro del

---

[59]   Morgan, 25. (Cita completa: "Viajé en tren de La Habana a Matanzas. El país fuera de los puestos militares estaba despoblado. Cada casa había sido quemada, los plátanos cortados, los campos de caña consumidos por el fuego, y todo en la forma de alimentos, destruido".)

[60]   Gould, 67.

escenario, el punto fuerte de Proctor era conversaciones privadas, confidenciales, y extraoficiales.

Pero estos obstáculos estaban siendo trabajados, socavados y subvertidos, gota de tinta por gota de tinta, en cartas dictadas en Rutland, Vermont por Paul Brooks, un hombre oscuro pero rico, con una enfermedad desconocida. De origen cubano, un trasplantado en Vermont que pudo haber sufrido un ataque de parálisis o alguna otra enfermedad paralizante que le llevó a Vermont y al aire de la montaña como una cura, compuso cartas en su lecho de enfermo. Su hija, Paulina, llevó las cartas dictadas de su padre a Proctor regularmente. Recibiendolas--la información que Brooks recibió de Cuba y transmitió como datos fiables, como un holocausto se estaba produciendo cerca de la costa de Norteamérica--Proctor consideró ir a Cuba para ver por sí mismo. Proctor había visitado La Habana una vez antes para informarse de una posible cantera de mármol en Cuba. Brooks le instó a ir otra vez, para informarse, para ver por sí mismo. Más de una persona o evento, las cartas de Paul Brooks estimuló a Proctor a ver a Cuba una vez más ese invierno.

Capítulo 4

EL PLAN DE PAZ DE McKINLEY
Y LA CRUZ ROJA

E SE VERANO McKINLEY FUE CRÍTICO de España. La respuesta de España se recibió con frialdad. El 26 de agosto de 1897, el frustrado Ministro de Asuntos Exteriores Español pidió a Woodford, el nuevo ministro de McKinley en Madrid, de decir a McKinley que España no hacía más que el ejército de la Unión había hecho durante la guerra civil norteamericana.[61] El 18 de septiembre de 1897, McKinley, ex-Mayor del Ejército de la Unión, sin duda, con dientes apretados y labios cerrados, autorizó a Woodford a preguntar "si el tiempo no ha llegado para España ... poner fin a esta guerra destructiva"[62] y dijo ominosamente que los Estados Unidos quería una respuesta antes del 1 de noviembre.[63]

Después del asesinato de Antonio Cánovas del Castillo, el Ministro Español de línea dura, un nuevo Gobierno bajo Práxedes Mateo Sagasta y su partido liberal heredaron esa fecha límite del 1 de noviembre. El 9 de octubre de 1897, en su primera reunión,[64] el nuevo gabinete de Sagasta tomó simbólicamente un poderoso primer paso. Decidieron llamar al general Valeriano Weyler Nicolau,[65] el

---

61 Id., 68.
62 Id., 69.
63 Id., 68.
64 Charles S. Olcott, La vida de William McKinley (Boston: Houghton Mifflin, 1916), 396.
65 Gould, 68.

| 25 |

general conocido en la prensa estadounidense como el "Carnicero" Weyler. Después de la retirada de Weyler, a principios de noviembre, Sagasta suspendió oficialmente la política de la reconcentración de Weyler y declaró una amnistía para los prisioneros políticos.[66] El 25 de noviembre, Sagasta proclamó oficialmente la Regla Nacional Cubana Autónoma efectiva el 1 de enero de 1898. Él reservó sólo el control de las relaciones exteriores y militares para Madrid.[67]

El impulso de Madrid animó a McKinley por fin para abordar la cuestión cubana públicamente.[68] Cleveland había dicho mucho acerca de Cuba en su final mensaje del estado de la union.[69]

---

[66]   Gould, 69.

[67]   Id.

[68]   Morgan, 47. "Este parecía el momento lógico para romper su largo silencio". Para la mayoría de los estadounidenses, el 6 de diciembre 1897 se reconoce como la fecha de la primera declaración de McKinley sobre Cuba. Morgan señaló, sin tener en cuenta que rompía el silencio de McKinley, del despacho de 26 del junio 1897 que el secretario de Estado Sherman había enviado a España, "la primera declaración oficial de (McKinley) de la política cubana", Id., 27, una protesta "en el nombre del pueblo estadounidense y en nombre de la humanidad común " que "una guerra, llevada a cabo casi a la vista de nuestras costas y que afectan gravemente a los ciudadanos estadounidenses y sus intereses ..., como mínimo, se realizará conforme a los códigos militares de la civilización". Id, 27-28.

[69]   El 7 de diciembre de 1896, con noventa días que le quedan en el cargo, Cleveland dijo en su final mensaje anual ante el Congreso, "No se puede suponer razonablemente que la actitud expectante hasta entonces de los Estados Unidos se mantendrá indefinidamente. Mientras estamos ansiosos por otorgar el debido respeto a la soberanía de España, nosotros no podemos ver el conflicto pendiente en todos sus elementos y aprehender adecuadamente nuestras inevitablemente estrechas relaciones con él, y sus posibles resultados, sin tener en cuenta que en el curso de los acontecimientos que pueden mezclarse en una condición tan inusual y sin precedentes, como fijar un límite a nuestra paciencia esperando de España para poner fin a la contienda, ya sea solos o en su propia manera, o con nuestra cooperación amistosa". Gould, 65. McKinley, por lo tanto, complementó el mensaje de Cleveland con "misión cumplida - tal vez".

McKinley, en su primer mensaje del estado de la union, decidió hacer lo mismo. Parece probable que haya consultado con Day. Shippee y Way, biógrafos de Day, incluso llegaron a la conclusión de que Day co-redactó la parte larga del mensaje de Cuba de McKinley.[70] Con la autonomía cubana anunciada, McKinley, tal vez en las palabras de Day, le dijo al Congreso que "(q)ue el futuro próximo va a demostrar si la condición indispensable de una paz justa, igual para los cubanos y España, así como equitativo a todos nuestros intereses tan íntimamente involucrados en el bienestar de Cuba, es probable que se obtengan". Como un reforzamiento a la decisión de Madrid, dijo "Si no es así, la exigencia de otras acciónes por parte de los Estados Unidos permanecerán para ser tomadas".[71]

Pero McKinley y Day ya estaban tomando medidas. Aunque no dijo nada al Congreso, McKinley había reclutado a Clara Barton para poner fin al sufrimiento de cientos de miles de campesinos cubanos que McKinley vió como la principal fuente de fricción entre España y los Estados Unidos. Desplazados de sus tierras, hacinados en corto tiempo con pocas posesiones en las así llamadas "trochas", vigiladas noche y día, pero sin cuidado, los campesinos reconcentrados se enfermaron y murieron sin agua potable, alimentos suficientes, saneamiento básico, ropa mínima o vivienda digna. McKinley consideraba que salvar los reconcentrados era la clave para la paz. McKinley y Day llegaron a un plan audaz y sin precedentes, ingenioso y participativo para salvarlos. Si McKinley fallaba, fallaría en la vista del público, por lo que McKinley y Day imaginaron fue rescatar a los reconcentrados a través de la caridad voluntaria del pueblo Estadounidense.

---

[70] Shippee y Way, "William Rufus Day," Los Secretarios del Estado de Norteamérica, 59, citado en McLean, 39. Dijeron que llevaba "las marcas de la colaboración del juez Day y las del Presidente".

[71] Gould, 70.

La presidente de la Cruz Roja Norteamericana, fundamental
para cualquier plan de paz, tenía su sede a una cuadra de la Casa
Blanca y cerca del Departamento de Guerra, del Departamento
de Estado y el Capitolio. Clara Barton, una leyenda desde la
Guerra Civil, visitaba con frecuencia todo lo anterior.[72] La sesión
de intenso trabajo intelectual de McKinley con Day sobre Cuba
estaba terminando cuando Barton visitó la Casa Blanca el 30 de
noviembre de 1897. McKinley la invitó a entrar en su consejo.

Cuba no sólo estaba en la agenda del Presidente. Al 30 de
noviembre Cuba había estado siendo gestada en las sesiones
de planificación de la Cruz Roja, sin acción por varios meses.
Barton no manifestó ninguna reticencia frente a McKinley el
30 de noviembre, pero por cerca de un año tenía dudas respecto
a Cuba. Su cautela tenía motivos históricos. Alivio de ultramar
era una cuestión antigua y fundamental para la Cruz Roja
Norteamericana. Durante sus primeros diez años, patrocinó
proyectos de alivio de desastres en los Estados Unidos solamente.[73]

---

[72] El servicio de la señorita Barton durante la Guerra Civil incluyó dos años
como miembro del personal del general Benjamin Butler. Barton escribió
que Alger "tenía dos senadores con él. Tuvimos que esperar. Por último,
envió un mensaje para que vinieran, sólo un senador estaba allí. Me negué
y me iba a retirar cuando el mensajero remarcó que el invitado fue el
senador Proctor, fui inmediatamente(,) tuve una entrevista muy cordial
con el senador P. quien relató al sec. Alger sus recuerdos de la entrevista
con el general Butler de mí en su oficina ... " Diario de Barton, Biblioteca
del Congreso, microfilm, (30 de noviembre 1897).

[73] Aunque William E. Barton, La vida de Clara Barton, fundadora de la
Cruz Roja Americana, (Nueva York: AMS Press, 1969), 2 vols., 217,
enumera "Guerra de los Balcanes" 1883 entre desastres domesticos en el
país para que a la Cruz Roja Americana se le diera asistencia, la referencia
no se detalla, aunque las otras cuestiones son, 219-31. Por otra parte, la
asistencia a la guerra de los Balcanes puede haber implicado la ejecución
de las obligaciones con arreglo al Tratado de Ginebra, que los Estados
Unidos firmó en 1882. El alivio de la hambruna de Rusia se llevó a cabo
por la decisión de Barton.

Su trabajo en el extranjero comenzó casi por accidente, durante la hambruna Rusa de 1891. Un editor de periódico en Iowa simpatizante de la Cruz Roja insistió a Barton para ayudar a mover el excedente de maíz a donde más se necesitaba.[74] Sin dignarse a rechazar, la publicidad-consciente Barton recaudó fondos para un buque, arregló los ferrocarriles para transportar el maíz sin costo, hizo telegramas relacionados con la hambruna, hizo a los agentes navieros renunciar las comisiones, convenció a las aseguradoras para que no cobraran ninguna prima. Lleno más de 200 trenes cargados de maíz de Iowa, suficiente para alimentar a 700,000 personas durante un mes, el barco fletado por Barton dejó el puerto de Nueva York con una bandera de la Cruz Roja.[75] Todo lo que hizo para los Rusos se hizo en los Estados Unidos. Otras organizaciones hicieron más. La publicidad de este proyecto de la Cruz Roja ultramar llevó al Comité Nacional Armenio de Socorro[76] a Barton como un experto en 1895. Ellos le pidieron ayudar a los "Armenios hambrientos"[77] de Turquía. Ella estuvo de acuerdo y, esta vez, ella siguió la comida en el extranjero.

Una vez en Turquía, enfrentó rápidamente dos obstáculos imprevistos. En primer lugar, el ministro de asuntos exteriores Turco requirió la ficción diplomática que Clara Barton la individua, no la Cruz Roja de los Estados Unidos, estaba en Turquía, con

---

[74] Un buen y breve resumen de este primer proyecto de ayuda en el extranjero de la Cruz Roja Americana aparece en H. David Burton, Clara Barton, al servicio de la humanidad, (Westport, Connecticut: Editorial Greenwood, 1995), 122-123.

[75] Id., 123.

[76] Peter Balakian, El Tigris Quema, el genocidio armenio y la respuesta de los Estados Unidos, (Nueva York: Editores Harper Collins, 2003), 68-70.

[77] Id., 75. Los turcos estaban involucrados en el genocidio en Armenia turca. Balakian cree que Barton originó la frase " armenios muertos de hambre", una frase muy utilizada posteriormente en la caracterización de la meta de los esfuerzos de socorro.

"sus" provisiones.[78] Después que Barton aceptó esta condición, el Comité Nacional de Socorro Armenio, poco comprensivo con el trato no autorizado, casi rompió con ella.[79] El trabajo "de Barton" en Turquía, acreditado únicamente a ella, llevó a cabo un constante bombardeo de críticas y pequeñeces en Nueva York. En un momento Barton absurdamente escribió al Comité: "Vamos a terminar el trabajo sin más ayuda."[80] Ella, sin embargo, siguió adelante, hizo un trabajo eficaz en condiciones difíciles, y salvó vidas. En última instancia, el gobierno Turco le otorgó una medalla,[81] la prensa Estadounidense la aclamó como un héroe, y Barton para toda la vida desconfió de proyectos en el extranjero.

Cuba fue la primera prueba de su resistencia a otro proyecto de ayuda en el extranjero. La prensa comenzó a gritarle a la Cruz Roja que ayudara a los cubanos, incluso antes que McKinley jurara para la oficina de Presidente.[82] Por supuesto, Barton no necesitaba dar respuesta, y no lo hizo. Pero a finales de los primeros cien días de McKinley, Barton fue sensible a la presión. Ella confió a su diario el 13 de junio, "Me siento por la tendencia de las cosas que el viento está soplando un poco demasiado rápido en la dirección de aliviar a Cuba y si va a ser bastante seguro para nosotros".[83]

Exactamente al día siguiente durante el viaje del "Lend a Hand Club of Ladies" de Baltimore con la señorita Barton en el río Potomac a Mount Vernon, el miembro del consejo de la Cruz

---

[78] Id., 78-79.
[79] Burton, 129; Pryor, 292.
[80] Burton, 130.
[81] Id.
[82] *New York Tribune*, el 10 de enero de 1897, utilizó el precedente de Armenia en su editorial para el alivio de Cuba por la Cruz Roja Americana. Pryor, 296.
[83] Diario de Barton, LC, carrete 4, Contenedores 5-6 (13 de junio, 1897). Barton escribió de sí misma alternativamente en primera persona, tercera persona (como "CB"), y por el imperial "nosotros".

Roja Jannet Richards "hizo un discurso cubano en el barco y reveló el plan de las principales damas de Washington para llamar a los amigos de la Cruz Roja para distribuir en Cuba y nos pida ir".[84] Barton se describió así misma en su diario como el ministro que tenía miedo de que no iban a conseguir el dinero, y aún más miedo de que lo harían.[85]

Las mujeres actuaron de acuerdo en la próxima reunión del consejo de la Cruz Roja. La señora Thurston, la esposa del senador de Nebraska Thurston,[86] se hizo responsable oficialmente de recaudar 10,000 dólares con la venta de diez mil recibos de donación de un dólar para una sede en Washington ad hoc "Fondo de Ayuda Nacional de Cuba en ayuda de la Cruz Roja de Estados Unidos".[87] La persona que hizo el discurso en el bote, la señora Richards, presente en la reunión, puede haber sido el viento detrás de las velas. En su diario, Barton obedientemente dibujó el diseño del recibo de donación mientras ella estuvo triste sobre la moción que no fue aprobada, la moción para evitar alivio a Cuba.[88]

Barton se resistía a considerar el alivio de Cuba hasta antes que el público estadounidense estuviera listo y ella continuó a medir la opinión pública. Ella escribió el 4 de julio 1897 que no creía

---

[84]   Id., (14 de junio de 1897).

[85]   Id., ("Yo soy como Henry Ward Beecher en el mar -" Me temo que no lo consignan, y aún más miedo que lo harán.) Ver también Burton 1995, 131. Según ella, Barton junto los nombres de las entusiastas de la ayuda cubana, que eran todas las esposas de los hombres en o antes en altos cargos gubernamentales, "las damas de la corte".

[86]   El senador y la señora Thurston participaron en una visita a Cuba patrocinada por el *New York Journal*. Los Thurstons, senadores Gallinger y Money, y los congresistas Cummings y Smith llegaron a La Habana el mismo día que Proctor se fue. Barton, 546. La Sra. Thurston, descrito por Barton como "desgastada y frágil", falleció durante esa visita. Id., 516.

[87]   Diario de Barton, LC (22 de junio de 1897).

[88]   Id.

que el sentimiento público era en favor de "ayuda humanitaria real"[89] a Cuba.

Las mujeres que no estaban de acuerdo trajeron las diferencias del Consejo a la Casa Blanca. Con cita clandestina, la señora Ellen Forster y una señora Kilvert[90] vieron al Presidente sobre Cuba. Barton se enfureció al saber que habían "tomado la delantera, robado una marcha sobre nosotros" y que se reunieron con McKinley y Day. Peor aún, Barton oyó que habían "recibido la seguridad de que no tengan ninguna duda, pero cuando llegue el momento, y el dinero se encuentre, y las condiciones favorables para el camino sea del todo claro, por lo que al Gobierno se refiere. El secretario Day les aconsejó enviar una carta directamente al Sr. de Loma".[91]

Barton corrió a la Casa Blanca, donde tuvo la satisfacción de oír McKinley preguntarle acerca de las mujeres: "¿Qué piensan hacer? ¿Qué quieren hacer? ¿Cómo esperan para lograrlo"? McKinley[92] relató que Day había sugerido que cualquier carta a de Loma debía ser escrita por Barton. Las damas objetaron, insistiendo que Barton no escribiría una. Sólo entonces Day sugirió que ellas escribieran una propia carta. Barton escribió en su diario que McKinley le dijo que "algo debe hacerse para evitar que hagan daño real en el exceso de celo y la escasez de conocimientos".[93]

Cuba no se fue. Barton se limitó a esperar las "damas de la corte" fuera. En el Día de Gracias ella oyó de un confidente que ella "no tenía más que temer de las Damas del Comité de

---

[89]　Id., (4 de julio de 1897). ("No nos parece que, en el actual estado de compasión y el sentimiento público que cualquier ayuda humanitaria real puede ser dada en Cuba".)

[90]　Id., (12 julio de 1897).

[91]　Id., En este pasaje, la señorita Barton parece parodiar una serie de garantías suaves que suenan bien para que las damas sin experiencia les daban más importancia de lo que ella hizo.

[92]　Id., (12 julio de 1897).

[93]　Id.

Ayuda Cubano".[94] Barton decidió que había llegado el momento de actuar. El sábado 27 de noviembre, ella fue sola al consulado Español. Los de Lomas estaban lejos pero Barton fue informada que se esperaban de vuelta el lunes. El domingo, 28 de noviembre 1897, ella escribió: "Todavía estoy pensando en Cuba como una puerta abierta. Vamos a ir a ver al señor de Loma mañana en busca de lo que se puede desarrollar".[95]

Ella vió al ministro español el 29 de noviembre, y propuso que algunos funcionarios de la Cruz Roja entren a Cuba "sin ser molestados, para distribuir entre su población hambrienta de reconcentrados la reparación que la gente de norteamérica les desee enviar".[96] Con gratitud, el Ministro de Loma sugirió que Barton escriba una nota que iba a incluir en su valija diplomática semanal a La Habana el miércoles.[97]

En la mañana del 30 de noviembre Barton escribió rápidamente una inspirada carta de tres páginas. Sin revisar "ni una sola palabra" la trajo personalmente a la Casa Blanca. Ahí McKinley, en conferencia con Day, explicó su plan para ella, y le pidió su ayuda. Por su parte, ella mostró su carta. Esa noche ella dijo con orgullo a su diario que McKinley declaró: "Esa es una buena carta".[98]

Otras cartas habían llegado a McKinley antes de la de Barton. Eran cartas secretas de los cinco cónsules norteamericanos en Cuba que informaron epidemias de tifus fuera de control, muertos sin enterrar, mujeres, niños y ancianos casi muertos de hambre, en

---

[94] Diario de Barton, LC, (25 de noviembre de 1898). (La frase exacta era, "Ellos han aprendido mejor la situación".)

[95] Id., (28 de noviembre de 1897).

[96] Barton, 515.

[97] Diario de Barton, LC, (29 de noviembre de 1897).

[98] Id.

harapos o desnudos.[99] Nada era exagerado, aunque las estadísticas se debaten hasta hoy. John Tone resume este debate académico un poco macabro sobre el holocausto cubano:

> Nunca sabremos el número exacto de civiles cubanos que murieron bajo la reconcentración ... (H)istoriador económico Jordi Maluquer de Motes ha sugerido que entre 155,000 y 170,000 Cubanos murieron debido a la reconcentración. Este es el cálculo más cuidadoso realizado hasta la fecha con los datos del censo. Sin embargo, esta cifra era demasiado alta para otros estudiosos. David Trask y Joseph Smith pensaban que el número de víctimas mortales se debe colocar cerca de 100,000.[100]

En noviembre de 1897 la cifra de 300,000 muertos, o una décima parte de la población civil de Cuba,[101] parecía creíble--y, aún más aterradoramente, las cosas fueron empeorando. Como escribió John Tone, "Una de las terribles ironías de la reconcentración es que el peor de los casos de mortalidad se produjo después de la salida de Weyler ... el 9 de octubre (1897)".[102]

McKinley, más consciente que nadie en los Estados Unidos acerca de las condiciones mortales y el empeoramiento en Cuba, preguntó a Barton qué cuan pronto podría irse a la isla. Su estimación de dos o tres semanas le molestaba.

---

[99] Tone, 198-200.
[100] Id., 209-15.
[101] La cifra de 300.000 se utilizó por Calhoun y Lee en 1897. Proctor la adoptó, al parecer convencido de que era precisa, si no conservadora, a la luz de la magnitud del sufrimiento que había observado.
[102] Tone, 217.

"O, no hay que aplazar un día", le dijo. "El sufrimiento es terrible. Usted debe tomar el primer medio de transporte después de su respuesta de Cuba".[103] Probablemente fue ese día que McKinley confió a Barton su intención específica de hacer "un llamamiento personal a la gente de los Estados Unidos" para aliviar "a las personas que estan pereciendo en Cuba".[104] Con su carta aprobada, Barton se apresuró a regresar a de Loma. Con deleite casi ingenuo, ella orgullosamente registró en su diario que de Loma pronunció su carta "simplemente perfecta".[105] El sol se puso el 30 de noviembre al final de un día perfecto para Barton.

El ministro español envió la carta de Barton al día siguiente. Madrid, obviamente, la leyó como una carta impresionante también. A principios de Diciembre, la Reina Regente concedió permiso para que una misión de socorro de la Cruz Roja Americana se abriera en Cuba.[106] McKinley trabajó en paralelo para eliminar un obstáculo: los derechos de aduana cubanos representan un obstáculo para la ayuda y que España debe eliminar. El día después de la visita de Barton, el 1 de diciembre de 1897, McKinley envió al Ministro de Loma una lista de productos que le proponía dejar exentos de derechos si eran donados por los norteamericanos a los cubanos que estaban sufriendo.[107] En respuesta, España liberó los derechos sobre todos los productos McKinley propuso y mucho más.[108]

---

[103] Diario de Barton, LC (30 de noviembre de 1897).

[104] Clara Barton: "Nuestro trabajo y observaciones en Cuba", 166 Revisión Norte Americana, 552 (mayo de 1898) (Reproducido y encuadernado, New York: Editorial AMS, 1968). Barton no especifica ninguna fecha de su primera toma de conciencia de la intención personal de McKinley. Aunque el 30 de noviembre parece correcto, el texto del diario de Barton del 30 de noviembre no incluye esta confianza compartida.

[105] Id.

[106] Es probable que los permisos llegaron después del 6 de diciembre, la fecha del mensaje sindical del estado de McKinley.

[107] *Boston Globe*, (25 de diciembre de 1897), 4.

[108] Id.

Con las tarifas establecidas y Barton en fila para ir a Cuba, McKinley y Day comenzaron a poner en marcha al vacilante Secretario del Estado Sherman. Indicando que actuaba bajo la dirección expresa del Presidente, Sherman publicó un comunicado de prensa el 24 de diciembre de 1897. Dijo que el cónsul general Lee en La Habana estaba listo para recibir contribuciones específicas de dinero y donaciones de alimentos, ropa y medicamentos, todo libre de impuestos. La invitación de Sherman concluyó:

> El Presidente tiene confianza en el pueblo de los Estados Unidos, que en muchas ocasiones en el pasado han respondido generosamente al grito de pan de las personas afectadas por el hambre o calamidades dolorosas, y que no han contemplado ninguna medida menos generosa por parte de países extranjeros cuando sus propios compatriotas han sufrido incendios e inundaciones, que presten atención a la petición de ayuda que viene de los indigentes en nuestro propio umbral y, sobre todo en esta época de buena voluntad y alegría, dar de su abundancia en sentido humanitario.[109]

La confianza del presidente era errónea. Barton, con más experiencia de la logística de ayuda de los Estados Unidos, mostró poca paciencia con un plan de que todo el mundo envíe todo a nuestra gente en La Habana. En su diario el 25 de diciembre de 1897 (su cumpleaños), Barton escribió sin más comentarios, "anuncio del periódico de la mañana de un llamado del secretario

[109] *Boston Globe*, (25 de diciembre de 1897), 4. La referencia a la "hambruna" evocaba la hambruna de 1891 en Rusia, en que la Cruz Roja de los Estados Unidos envió un cargamento de grano, y "inundación" evoca la asistencia de la Cruz Roja Alemana después de la inundación de 1889 en Johnstown.

de estado para la ayuda del pueblo norteamericano para Cuba".[110] Al día siguiente, aunque sin detalles, observó Barton decisivamente en su diario que ella escribiría al juez Day y al presidente sobre la apelación de Sherman.[111] A juzgar por el resultado inmediato, Barton estaba en lo cierto. Entonces, como ahora, la apelación en Nochebuena del Secretario de Estado Sherman, fue uno de los eventos menos memorables de 1897. Y, sin embargo, si era práctico o no, su anuncio fue uno de enorme significación en la historia norteamericana. A través de Sherman, McKinley tomó un paso gigante el 24 de diciembre de 1897. A pesar de que sigue siendo oscuro, en esa fecha un Presidente Norteamericano, sin la aprobación del Congreso, hizo un compromiso público para el alivio de los ciudadanos extranjeros en una tierra extranjera. Envuelto en condonación por parte del Gobierno Español, el anunció del 24 de diciembre del Secretario Sherman fue camuflado como un anuncio de dos gobiernos que actúan en concierto. Pero el breve comunicado de prensa del anciano sonaba el toque de diana de la política exterior de Estados Unidos al limitarse a los intereses de los ciudadanos estadounidenses. En ese día y en ese sentido el Departamento de Estado hizo oficiál el interés del Gobierno Norteamericano en el sufrimiento de civiles extranjeros.

Como campaña para recaudar fondos, los periódicos informaron que Day cablegrafió 5,000 dolares al Cónsul Lee

---

[110] Diario de Barton, LC, (25 de diciembre de 1897).

[111] Id., (26 de diciembre de 1898). En sus memorias, Barton parece fusionar y pulido eventos. Ella no dijo nada acerca de la apelación de Sherman. En cambio, describió en 1897 sobre el fracaso de su propia organización para recaudar fondos. Con un poco de humor, representó un supuesto comunicado de prensa de la Cruz Roja que decía que estaba dispuesto a recibir contribuciones, después de lo cual no recibió "ni un dólar". Este esfuerzo no está corroborado por ninguna parte en su diario. De hecho, el aviso de prensa de Sherman es el único mencionado en su diario en 1897.

el 28 de diciembre de 1897.[112] Es cierto, de hecho, pero no era
representativo de la realidad. Los 5,000 dolares vinieron de un
donante, el propio Presidente McKinley, en forma anónima en
ese momento.[113] El híbrido histórico de un proyecto de ayuda
patrocinado por el gobierno con fondos privados, sacó un solo
aliento antes que Clara Barton interviniera.

Barton se llevó la campaña de recaudación afuera de
Washington. Barton tenía motivos profesionales para saber
que contribuyentes de Nueva York y de Boston en conjunto
representaron cerca de la mitad del dinero de ayuda armenia. Era
lógico que se establezca la sede central de un Comité de Ayuda
Cubana en la ciudad de Nueva York o Boston. Nueva York era
la opción más obvia, ya que estaba organizada una liga activa
cubana, "Junta" de miembros insurgentes, y los periódicos Cuba-
locos de Hearst y Pulitzer. El 1 de enero de 1898, después de
hablar con el Segundo Secretario de Estado adjunto Alvey Adee,[114]
Barton activó un nuevo Comité de Ayuda Central de Cuba y
nombró a su sobrino, Stephen E. Barton,[115] presidente de una
junta de tres hombres en Nueva York. Dentro de dos semanas, el
comité comenzó la distribución de una serie de comunicados de
prensa gráficos sobre enfermos, hambrientos y civiles cubanos que
morían, principalmente mujeres, niños y ancianos.

---

[112]   *Boston Globe*, (29 de diciembre de 1897), 6.

[113]   Morgan, *150.*

[114]   Diario de Barton, LC, (1 de enero de 1898). Barton dijo que ella "habló
sobre asuntos cubanos" con Adee el 1 de enero, luego descritó la creación
de la comisión y la planificación de salir para Cuba personalmente
"por el próximo vapor". Adee puede haber tenido un papel creativo en
estos planes, o Barton podría simplemente querer dar la notificación al
departamento de estado de un fondo "competidor", si Adee estuviera de
acuerdo o no.

[115]   Barton, 275, identificado Stephen E. Barton como el sobrino de Clara
Barton y como una persona que participó en diferentes actividades de la
Cruz Roja.

Tomando cargo de la recaudación de fondos de las manos inexpertas de McKinley, la campaña de ayuda Cubana de Barton fue un éxito espectacular. A modo de comparación, había tomado un año entero para el comité de socorro de Armenia para recaudar la suma de 116.000 dolares.[116] El Comité de Ayuda Cubana de Barton levantó casi el doble, más de 200.000 dolares, en sus dos primeros meses de funcionamiento.[117] Barton hizo obsoleto su propio comentario en julio de 1897, que no creía que el sentimiento público favorecería "toda la ayuda humanitaria real"[118] a Cuba. Presionada por su comisión en Nueva York, una nueva circunscripción nacional creció y floreció que era respetable, imparciamente convencional, y que se preocupaba por los civiles cubanos. Lo mejor de todo, tan suave fue la transición que nadie se dio cuenta del cambio de régimen de McKinley a Barton. Aún así, la misión de ayuda McKinley-Barton era ampliamente entendida como la última y mejor esperanza de paz. Los que siguieron la diplomacia tomaron nota de que España y los Estados Unidos habían encontrado un terreno común y cooperado en forma conjunta. Los estadounidenses que sólo veían la humanidad necesitada dieron fácilmente, invertido en la Cruz Roja emocionalmente, y esperaban salvar la frágil paz pacíficamente cuidando los reconcentrados.

---

[116] Burton, 130.

[117] *For. Rel.* (1898), 753.

[118] Id., (4 de julio de 1897). ("No nos parece que, en el actual estado de compasión y el sentimiento público que cualquier ayuda humanitaria real se puede dar en Cuba".)

Capítulo 5

McKINLEY HABLA EN VOZ BAJA

C UANDO 1897 TERMINÓ, McKINLEY NO sólo envió al Congreso su mensaje de la unión sindical y organizó su plan de socorro de la Cruz Roja, también trazó firmemente una línea alrededor de las reformas de Sagasta. Woodford fue dirigido para decirle a Sagasta que había entrado en "un camino del que ningún retroceso es posible".[119] Las Reformas Cubanas que McKinley favoreció no eran universalmente populares, incluso en Cuba. Los episodios de trastornos llamados por muchos "disturbios civiles" realmente eran protestas ruidosas, teatro callejero que tomó lugar en La Habana a finales de diciembre de 1897 y a mediados de enero de 1898, gentío ruidoso caminaba alrededor de los los periódicos que soportaban la autonomía cubana. Eslógans se gritaron, pero nadie resultó herido ni instalaciones gubernamentales fueron rodeadas o incautadas. Los soldados españoles no pararon estos eventos, pero participaron en ellos. Partidarios ultra-españoles esperaban de provocar a Madrid para restablecer a Weyler.

Weyler nunca regresó a Cuba. Un buque de guerra Norteamericano lo hizo. Cuando Day preguntó si un barco estadounidense podría hacer una "visita de cortesía", el ministro de Loma dijo que tales visitas no deberían haberse interrumpido. Ambos esperaban que la reanudación de las visitas de la marina estadounidense a La Habana simbolizaría el regreso de días

---

[119] Gould, 73.

mejores. No había desorden cuando el *Maine* dejó caer el ancla en el puerto de La Habana en la mañana del 25 de enero. El primer buque de guerra estadounidense para visitar La Habana desde cuando la revolución comenzó en la primavera de 1895[120] se convirtió en un símbolo flotante de *rapprochement*. Dos días más tarde, en la noche del 27 de enero McKinley organizó la cena anual del cuerpo diplomático de Washington. Los tres embajadores de Inglaterra, Francia, Alemania y el ministro de España se sentaron a su mesa. McKinley habló animadamente con el Ministro de Loma, diciendo: "Veo que sólo tenemos buenas noticias". A lo que se refería era a la mayoría en el Congreso que apoyaba su agenda política. "Usted, que comprende esto", McKinley continuó con orgullo a de Loma, "entenderá que tan fuerte es nuestra posición y lo mucho que ha cambiado y mejorado en el último año; no tenemos ninguna razón para estar más que satisfechos y confiados".[121] McKinley, habiendo también puesto en marcha los esfuerzos de la ayuda cubana que estaban teniendo un éxito acelerado en la recaudación de dinero y contribuciones en especies, creía que iba a mantener la paz entre España y Estados Unidos.

Lo que quedaba era llegar a un armisticio. Si McKinley podía conjurar una tregua en el combate, el arbitraje o la mediación podría llevar a una solución civilizada de la lucha. En una palabra, se podría lograr en Cuba lo que Cleveland había logrado en Venezuela. De los hombres de la mesa principal, el más consciente del precedente venezolano habría sido el Embajador Británico, a

---

[120]   *Chicago Tribune*, 18 de marzo de 1898, 2. Day recordó a los periodistas en la tarde del 17 de marzo de 1898, que el *Maine* fue el primer buque de guerra estadounidense que visitó La Habana desde principios de 1895.

[121]   Gould, 72.

quien el Secretario de Estado Olney de Cleveland había escrito[122] pomposamente el 20 de julio de 1895, que, "Hoy en día los Estados Unidos son prácticamente soberanos en este continente, y su mandato es ley en los asuntos a los que se limita su interposición ... sus infinitos recursos combinados con su posición aislada la hacen dueña de la situación y prácticamente invulnerable frente a cualquier o todos los demás poderes".[123] Diplomacia después de la carta de Olney evitó hostilidades, continuando conversaciones que llevaron a un tratado firmado el 12 de noviembre de 1896.[124] Era el tratado en que McKinley exhortó al Senado a aprobar cuando juró el cargo. Una comisión internacional estaba arbitrando el conflicto venezolano en Europa cuando McKinley, hablando en voz baja, trató de empujar también a España hacia el armisticio y el arbitraje.

De hecho, las relaciones entre España y los Estados Unidos se estaban deteriorando mientras los diplomáticos comían y bebían. McKinley habló en voz demasiado baja para ser escuchado. La brecha entre el optimismo de McKinley y el disgusto del norteamericano medio con España nunca pudo haber sido mayor. Nada, ni siquiera el silencio público, trabaja siempre

---

[122] http://www.unc.edu/depts/diplomat/archives_roll/2001_10-2/ bridges_adee/bridges_adee_p... ... en p. 1 (consultado el 09/06/08). "La nota era de Olney, pero la redacción se hizo en gran parte por (Alvey Augustus) Adee". "La diplomacia estadounidense, una mirada retrospectiva, una apreciación de Alvey Adee," artículo de Frank Cass. Claramente un neurótico, Adee pasó tiempo escudriñando la lista anual de la Oficina Colonial de Gran Bretaña. Encontró 33.000 millas cuadradas más conocidas como la Guayana Británica en 1886 respecto a la edición 1885. Cuando Adee trajo este dato a la atención de sus superiores, lo trajeron a la atención del Presidente. Cleveland consideró que no era una cuestión de límites, sino una violación solapada de la Doctrina Monroe.

[123] Robert E. Welch, Jr., Las presidencias de Grover Cleveland (Lawrence, Kansas: Editorial universitaria de Kansas, 1988), 183.

[124] Id., 186.

para mantener la paz. Y McKinley habló con de Loma antes
de entrar en diálogo con el público estadounidense. El biógrafo
de McKinley, H. Wayne Morgan, estimó que la "reticencia de
McKinley fue siempre su defecto como un líder",[125] pero su crítica
es demasiado amplia. Precisamente, manteniendo la boca cerrada
McKinley mantuvo sus opciones abiertas y evitó la guerra con
España durante más de un año.

El silencio público sobre Cuba compró tiempo hasta que
Sagasta se convirtió en primer Ministro. Pero el rápido llamado
de Sagasta al General Weyler, la amnistía y la proclamación de un
Gobierno Autónomo en Cuba comenzando el 1 de enero de 1898,
requería una respuesta pública. En consecuencia, McKinley tuvo
material para su mensaje del "Estado de la Unión" ante el Congreso
que contó con Cuba en forma prominente. McKinley mantuvo
a sí mismo su petición del 30 de noviembre a Clara Barton y su
urgente petición del 1 de diciembre para que España levantara
algunas tarifas cubanas. El tono del mensaje de McKinley al
Congreso fue uno de cauto optimismo.

McKinley quería seguir la ruta de Cleveland de la paz con Gran
Bretaña sobre Venezuela. Él previó el arbitraje en lugar de la guerra.
Sin embargo, no pudo arbitrar con España sobre los problemas
de Cuba, mientras los reconcentrados estaban hambrientos y
moribundos. Sus cónsules le estaban diciendo a McKinley que
habían muertos insepultos en las calles cerca de los consulados.
Menos de tres semanas después de su mensaje al Congreso, emitió
un comunicado de prensa en la Nochebuena a través del Secretario
del Estado Sherman que reflejaba mejor la precariedad de la paz y
la necesidad de acción. Alimentos para la paz era su plan.

Pero la vida está llena de actos y de consecuencias imprevistas.
El 1 de enero de 1898, cuando el evento de caridad de McKinley en

---

[125] Morgan, 69.

nochebuena se transformó en el Comité Central de Ayuda a Cuba,
la opinión pública se trasladó fuera del control de McKinley. No
sólo el silencio de McKinley dejó de suprimir inquietud, el silencio
de McKinley amplificó las palabras de otros. Su a medio-bendecir
Comité Central de Ayuda a Cuba había distribuido noticias de
propaganda y boletines de la angustia cubana. A su llamado,
una cacofonía de informes aparecieron en la prensa anunciando
los envíos masivos de alimentos, ropa y medicamentos para los
reconcentrados. Sin pronunciamiento de McKinley, los boletines
de los envíos en una escala mucho más allá de los enviados a los
armenios hambrientos, destruyó cualquier sentido de progreso
en las mentes norteamericanas. La crítica de Morgan del silencio
público de McKinley, logró el mérito durante todo 1897. El 1 de
enero de 1898, la intensificación de la preocupación por Cuba sin
una palabra de McKinley precedió al 15 de febrero 1898, cuando
el *Maine* detonó en el puerto de La Habana. Incluso entonces,
McKinley reanudó su silencio, excusándose mientras esperaba
un informe de la junta naval de la causa de la explosión. Al 17
de Marzo 1897 McKinley proporcionó el silencio de fondo que
permitió la profunda voz de bajo de otra persona, por la gran ironía
uno de los aliados más cercanos de McKinley, Redfield Proctor,
por pararse en la cámara del Senado, y despertar la indignación
del país con su breve informe como testigo sobre las condiciones
en Cuba.

Capítulo 6

EL VIAJE A CUBA DEL SENADOR PROCTOR

E L AIRE LIBRE FUE SU pasatiempo, sobre todo la pesca y la caza. Su amigo Frank Partridge dijo: "Fue este amor por la naturaleza, que toda su vida hizo la caza y la pesca su mayor recreación".[126] Un senador compañero estaba seguro de que "el mayor placer y recreación de Proctor se encontraron en el uso de la pistola y la caña".[127] Proctor fue reconocido por guías nativos americanos como un gran hombre de los bosques. Uno de ellos dijo que él jamás "vio a un hombre blanco moverse a través de los bosques más silenciosamente".[128] Proctor cazaba jabalíes[129] y frecuentaba Canada para la temporada del salmón.[130] También, en el invierno Proctor a veces fue al sur para pescar. Resultó ser importante para la historia de Norteamérica que él había planeado llegar a Miami en febrero de 1898 con su antiguo compañero de pesca, el coronel Myron M. Parker.

---

[126] Id., 67. Partridge dijo que Proctor "nunca pescó ni tiró más allá de lo que podría ser utilizado para la alimentación", y que "nunca pescaría ni fue a disparar en el día de reposo". Id.

[127] Memorial, 35.

[128] *The Vermonter*, vol. 13, 32, (marzo 1908).

[129] Fotografía subtitulada, "Redfield Proctor, Parque de Corbin," s.f. Caja 19, PFPL.

[130] Fotografía subtitulada, "Tobique Salmón Club, New Brunswick, Canadá," n.d., Caja 19, PFPL.

El viaje inesperado de Proctor a Cuba comenzó en Vermont. Paul Brooks, un inválido demasiado enfermo para sentarse y escribir, posiblemente víctima de un derrame cerebral, escribió a su senador desde Rutland, una ciudad cerca de cinco kilómetros de Proctor. Brooks dictó cartas a su hija, pidiéndole a Proctor que prestara atención a Cuba. Brooks era un ciudadano americano nacido en Cuba alrededor de 1838 que, después de su educación en los Estados Unidos se convirtió en un exportador de azúcar[131] en el este de Cuba. Se casó con una mujer de Vermont y, al parecer, sufriendo una enfermedad incapacitante cerca de los sesenta años, se retiró a Rutland para recuperarse. Era desde su cama de enfermo que Brooks mantuvo un fuego constante de palabras en nombre de Cuba Libre y, muy gradualmente, desgastó la resistencia de Proctor en su forma de ir a ver Cuba.

Brooks contactó a Proctor no más tarde de 1895, cuando aún Brooks era el robusto Cónsul Norteamericano en Guantánamo durante el gobierno de Cleveland. Brooks fue guiado por la geografía para observar de cerca el lado rebelde de la guerra civil, porque la parte oriental de Cuba fue tomada temprano y permanentemente por los rebeldes. Brooks señaló prematuramente la inminente caída de España. Cuando el Secretario de Estado

---

[131] Tal como se documenta a través de www.ancestry.com, el censo de 1850 indica que un tal Paul Brooks atendía un internado en Chester, Pennsylvania a los 12 años. En sus registros de envío, un tal Paul Brooks se nota como habiendo dejado Santiago, Cuba, para los Estados Unidos como un "comerciante" en 1891, y como un "plantador" en 1895, cada vez con su esposa (Sarah, unos siete años más joven que él) y su hija, Pauline, nacida alrededor de 1862. Suponiendo que Sarah no era la segunda esposa de Pablo y la madrastra de Pauline, a continuación, Paulina nació cuando Sara tenía unos 18 y Pablo era de 25 años. Niños más pequeños también viajaban con ellos en el 1890. Si Percy, nacido alrededor de 1888, y Anita, nacido alrededor de 1892, fueron también sus hijos y no las relaciones Brooks, Sarah continuó luego de tener hijos hasta aproximadamente los 37 años, cuando Pablo estaba cerca de 44 años.

de Cleveland, Olney, pasó la información a niveles superiores, Cleveland emitió una serie de severas amonestaciones a Madrid. Defendiendo su silencio de un año antes de su discurso, Proctor se excusó de hablar de Cuba. Él escribió a Brooks en abril de 1897 que "siempre es una mala política en un cuerpo legislativo de hablar más de lo absolutamente necesario, y por la acostumbrada repetición demasiado frecuente que endurece la historia de injusticias y atropellos".[132] Pero, como él admitió en su discurso del 17 de marzo de 1898, Proctor no estaba convencido de la veracidad de las historias de las injusticias y los atropellos. Proctor compartió selectivamente algunos de los mensajes de Brooks con escogidos líderes Republicanos,[133] pero, hasta febrero de 1898, no hizo ningún movimiento para visitar Cuba.

Brooks escribió también a otros políticos además de Proctor. Después de todo, el Secretario de Estado Olney llevó los informes de Cuba de Brooks al Presidente Cleveland para leerlos personalmente. Y ciertamente Brooks mantuvo contactos con los insurgentes cubanos. Entre las cartas que le dio a Proctor fueron introducciones a los rebeldes en la isla, cartas que Proctor nunca utilizó.

Pero sin importar cuántas personas Brooks escribió, Proctor fue una selección curiosa. ¿Simplemente Brooks escribió a sus dos senadores? ¿Quizás Proctor y Brooks se reunieron en Vermont? ¿Hubo relaciones familiares?[134] ¿O estuvo atraído Brooks por la

---

[132]   PFPL, carpeta 7, 348 (10 de abril de 1897).

[133]   Id., 349.

[134]   Proctor escribió al senador Frye sobre Brooks en 1895, lo recomendó como fuente de información sobre Cuba. Frye estaba enormemente interesado en Cuba. Proctor probablemente esperaba pasar la antorcha de Cuba a uno más dispuesto a llevarla. Para Frye, Proctor describió a Brooks como cónsul de Cuba bien informado que estaba pasando "el verano y el otoño en Rutland cerca de aquí", que "se casó con su esposa allí, una señorita Sheldon", y por el matrimonio se convirtió en ciudadano estadounidense. El padre de Brooks, un inglés, se había instalado en Cuba "a principios de este siglo y tuvo mucho éxito en los negocios". Redfield Proctor a William P. Frye, 23 de agosto de 1895. PFPL.

reputación de Proctor como un ser compasivo que fundó un sanatorio de tuberculosis, un hospital, iglesias y bibliotecas en Vermont? En cualquier caso, como un hombre astuto, Brooks estuvo sin duda consciente de que en cada carta estaba pidiendo a un republicano establecido de convertirse como un independiente, a un político nacional de participar en los asuntos exteriores, a un conservador de convertirse en un liberal. Enfrentando posible fracaso, el amigo enfermo de Proctor demostró una persistencia increíble.

Hay evidencia, por medio de una divertida respuesta involuntaria a Brooks, que Proctor le animó a buscar auxilio en otro lugar. El 18 de diciembre de 1895, Proctor hizo alusión a Brooks para acercarse a los demás de la siguiente manera:

> Estoy contento de saber de usted. Esperaba de poder tener otra charla con usted antes de salir de Rutland, pero estuve ausente la mayor parte del tiempo por las últimas dos semanas. ¿Conoció a otros miembros del Congreso? Usted habló de ir al senador Frye, pero creo que no lo hizo. La simpatía por Cuba es muy general, yo diría universal…[135]

Al final Brooks tuvo sólo un éxito parcial. De los tres objetivos Brooks logró uno, que Proctor visitara Cuba. Para lograr incluso ese, Brooks empujó a Proctor sin comentarios positivos por lo menos por un año. Brooks también quería que Proctor hablara con sus amigos cubanos insurgentes, algo que Proctor nunca hizo, y, por último, Brooks no pudo reclutar el apoyo de Proctor para la causa insurgente.

El viaje de Cuba como una obligación[136] no estaba en la agenda de Proctor hasta después que el *Maine* detonó en el puerto de La Habana. Proctor planeaba ir solo a la Florida durante el

---

[135] Redfield Proctor a Paul Brooks, 12 de diciembre de 1895, PFPL.
[136] Id. ("Lamento profundamente que no he ido a Cuba hace un año por lo menos y he visto por mí mismo …")

invierno de 1897 a 1898 con su compañero de pesca, el coronel Parker. Parker era un Vermonter que se mudó al Distrito de Columbia después de la Guerra Civil. Comenzando como un humilde empleado de correos, Parker se había convertido en un urbanizador prominente y próspero.[137] Viajar a Cuba era una tarea que a Proctor no le gustaba y era una incomodidad, es de suponer, que no quería imponer a su amigo. Brooks envió cartas de introducción de Proctor a sus informantes cubanos, pero Proctor asi mismo sólo hizo preparaciones superficiales y tentativas.

Del Secretario de Guerra Alger se reservó la posibilidad de escolta militar, el Teniente del Ejército H.R. Lemly,[138] pero el advirtió a Lemly el 6 de febrero que su "planes en relación con Cuba eran indefinidos",[139] y, el 15 de febrero, "extremadamente dudosos".[140] También en 15 de febrero Proctor escribió a su hijo Fletcher, "Puede que vaya a Cuba, pero lo dudo mucho".[141] Esa noche el *Maine* detonó. De repente en defensa de sus planes indefinidos, Proctor escribió a Fletcher el 17 de febrero: "Voy a ir a Cuba, si me da la gana y si no tenemos guerra antes de irme".[142] Finalmente, justo antes de

---

[137] Bowie, 361. Myron C. Parker era "un amigo y propietario rico de bienes raíces de Washington". Proctor escribió una recomendación de él como un Vermonter que había servido en a la primera Caballería de la Brigada de Custer de Vermont. Después de una "enfermedad grave y prolongada" (tuberculosis?), Proctor dijo que Parker había recuperado una salud robusta y rápida, y era competente y popular. De Proctor a McKinley, el 30 de enero de 1897. Caja 8, carpeta 36, 225, PFPL.

[138] Estos hechos se deducen, es decir, Lemly no podía auto-asignarse y Alger era amigo de Proctor. El autor no encontró ningún documento principal que demuestre directamente esta deducción o la deducción de que en última instancia Lemly acompañó Proctor en Cuba. Ni Proctor en su discurso ni en cuenta por cualquier persona del viaje se refiere al teniente Lemly.

[139] Bowie, 357.

[140] Id.

[141] Id.

[142] Bowie, 359.

subir al tren de la noche a la Florida el 18 de febrero, Proctor escribió
a Fletcher sin más explicaciones, pero con un énfasis subrayado en
yendo a "La Florida y, <u>probablemente</u>, Cuba".[143]

Su viaje a La Florida no resultó ser un día en la playa. Proctor
y Parker estuvieron seguidos por todas partes por los periodistas. El
senador Proctor, conocido como el hombre de confianza del Presidente
y el ex-Secretario de Guerra planeando para ver Cuba, era el sueño de
un periodista hecho realidad. Ellos especularon que Proctor estaba
estudiando cuánto tiempo tomaría para movilizar tropas en Miami
y la forma de transportarlas.[144] Su viaje a Cuba fue titulado como
que estaba planeado, a fin de que el Cónsul Norteamericano en La
Habana pudiera recibir información "demasiado importante para ser
confiada a los cables, incluso en clave".[145] El viaje de pesca de Proctor
en Florida fue llevado a ser un divertido "artículo de portada". Incluso
después que Proctor estuvo en la isla, donde no pescó, el periódico
New Haven Leader asi lo escribió con un poco de broma:

> Él ha estado muy ocupado pescando todo el tiempo. De
> hecho, tan devoto es aquel en el deporte, que ha pescado
> en tierra, en el mar y por toda la isla. (Él) debe tener
> algunas historias interesantes de pesca para relatar. Tal
> vez el Presidente McKinley escuchará a algunas de ellas.[146]

Antes de partir hacia Cuba Proctor dijo a un periodista: "Para
decir la verdad, vamos allá para ver lo que está pasando, donde esta
la agitación. ¿No quiere todo el mundo ir allí? ¿Ud. no quiere ir?
No hay ni un poco de importancia política al respecto".[147] Pero

---

[143] <u>Id</u>.
[144] <u>Id</u>., 360, citando el *Cincinnati Inquirer*, s.f.
[145] <u>Id</u>., 361, citando el *New York Journal*, s.f.
[146] <u>Id</u>., 362-363.
[147] <u>Id</u>., 361, citando el *Boston Advertiser*, el 26 de febrero de 1898.

esto no era en esencia la verdad. Curiosidad juvenil no motivó el senador de 66 años de edad, para ver cuál era la excitación. Proctor había creado las bases para verificar la verdad. Tomó las cartas de introducción de Brooks, a pesar de que no hizo uso de ellos. Explicó a Brooks a continuación que "después de ver las condiciones deseaba apresurarse de volver a casa, y de haber ido entre los insurgentes no hubiera fortalecido sus puntos de vista en absoluto".[148] Al parecer para no ofender a Brooks, él no mencionó que tenía otras cartas de introducción que hizo uso, dirigidas a empresarios cubanos.

El Senador Proctor dijo en 1898 y durante los diez años restantes de su vida que su visita a Cuba no fue oficial. "Me gustaría que nieguen positivamente que estoy aquí en misión oficial",[149] Proctor pidió a los periodistas estadounidenses cuando fue entrevistado a su llegada a La Habana. El Senador Dillingham sin embargo sugirió un motivo gubernamental detrás del viaje de Proctor en su discurso conmemorativo en Proctor en 1908:

Los debates que precedieron a la declaración de guerra contra España mostraron como la falta de información confiable de las condiciones existentes en Cuba y, en consecuencia, estas grandes diferencias de opinión entre los senadores en cuanto a la política que deben

---

148 Proctor a Brooks, el 29 de marzo de 1898, caja 8, carpeta 38, 456, PFPL.
149 *New York Daily Tribune*, el 27 de febrero de 1898, citado en la tesis de Ruth Lois Tweedy, "La vida de Redfield Proctor", Universidad de Illinois (Urbana), 1942, 39. (La cita completa: "No tengo misión. Si tuviera alguna función oficial no habría tomado una semana para llegar aquí. No soy en ningún sentido un representante del Presidente McKinley, ni tengo nada que ver con la Comisión de Investigación (en el *Maine*). Yo hablaré al capitán-general Blanco y los oficiales navales aquí como ciudadano privado. Este viaje no es ninguna nueva idea. El Sr. Parker y yo tomamos dos o tres viajes cada año, la caza y la pesca... me gustaría que Ud. niegue positivamente que estoy aquí en misión oficial".)

ser adoptadas por el gobierno que estaba lleno de aprehensión, y con previsión característica y siguiendo una práctica de toda la vida para buscar el máximo conocimiento de las condiciones subyacentes en que basar su juicio y acción, que, él bajo su responsabilidad, a sus propias expensas, optó por una visita personal a Cuba para conocer las reales condiciones existentes.[150]

Era cierto que los hechos eran importantes para Proctor. Como Secretario de Guerra, Proctor había identificado y corregido un atasco de datos en el Ejército. Inició un flujo regular de informes específicos por escrito de mensajes del Ejército a Washington. Con el fin de fomentar la

promoción de la función de los méritos él instituyó lo que hoy se conoce como "registros de la eficiencia." Él pidió estudios especiales, y que los informes de los oficiales superiores y el resto de material sobre el registro y la competencia profesional de cada funcionario, sea guardado... para proporcionar un registro por el cual los funcionarios puedan ser imparcialmente juzgados y sabiamente empleados.[151]

El establecimiento de ese "sistema de tecnología de la información", fue su logro duradero. Podría decirse que fue arraigado en Proctor para detectar y corregir los obstáculos de hecho a la adopción de decisiones. Pero dejando a un lado Dillingham, es totalmente no claro que Proctor tenía el objeto de reunir información para votar con conocimiento como Senador en la guerra o la paz, o para asesorar a McKinley o Day, o incluso para compartir con el público. Por otra parte, el cálculo de la motivación

---

[150] <u>Memorial</u>, 18.
[151] Partridge, 81.

probablemente puede haber cambiado hacia el intercambio de datos públicos debido a lo que ha aprendido, y qué tan seguro era de su dominio de los hechos, y la urgencia de la situación de algunos de sus compañeros seres humanos.

Durante su discurso Proctor expuso que su objetivo original había sido el impacto económico de la guerra civil Cubana. "Yo tenía cartas de presentación de mis amigos de negocios en el norte para banqueros y otros hombres de negocios en La Habana", dijo Proctor, "y ellos a su vez me dieron cartas a sus corresponsales en otras ciudades. Estas cartas a empresarios eran muy útiles como uno de los principales propósitos de mi visita para conocer las opiniones de los hombres prácticos de los asuntos en la situación".[152]

Los estadounidenses que iban a Cuba a finales de 1890 fueron aconsejados que La Habana ofrecía un refugio de la guerra civil. Billy Bitzer, un corpulento joven de 25 años que amaba la cerveza, un "hand cranker," y una de las primeras cámaras noticiarias del mundo, llegó a La Habana con su cámara el 19 de febrero de 1898. "Visitando Cuba bajo el dominio Español era muy peligroso", escribió más tarde. "Me habían advertido de antemano para ir directamente al Hotel Inglaterra, donde iba a encontrar comodidad y seguridad".[153] Fuera de La Habana, Cuba estaba en ruinas.[154]

---

[152] Id.

[153] G.W. Bitzer, Billy Bitzer, su historia (Nueva York: Farrar, Straus y Giroux, 1973), 34. Bitzer permaneció hasta el día que el cónsul Lee evacuó en abril. Hizo las únicas películas del casco del *Maine* en el puerto de La Habana.

[154] José M. Hernández, "Cuba en 1898", en http://www.loc.gov/rr/hispanic/1898/hernandez.html, accedido 19/11/08. "El conflicto de España y los Estados Unidos, junto con la controversia arancelaria de la década de 1890, había destruido dos tercios de su capacidad productiva. Cerca del 20 por ciento de su población antes de la guerra, estimada de 1,8 millones, habían perecido, y para aquellos que sobrevivieron el futuro era desolado. Los cubanos no tenían capital y estaban fuertemente endeudadas". Hernández estimó "las masas afectadas por la pobreza"en 500.000, cubanos "inarticulados, en gran parte analfabetos y apáticos".

Pero La Habana la describió "ordenada", una ciudad en que se podía viajar "solo, sin obstáculos." Incluso el capitán Sigsbee del *Maine* recordó sentirse cómodo en La Habana antes de que su barco detonó.[155]

En La Habana Proctor tuvo fácil acceso a los funcionarios del Gobierno Cubano y Norteamericano y pudo entrar en contacto con los empresarios de habla inglesa para los que tenía cartas de presentación. Sin duda, él comenzó a oír hablar de los reconcentrados. "Era imposible estar en La Habana sin haber escuchado mucho sobre los reconcentrados", Sigsbee escribió en sus memorias. Sigsbee encontró a los civiles españoles "perfectamente francos y abiertos en sus admisiones del terrible sufrimiento y la muerte que habían causado".[156] Proctor, quien probablemente habría estado contento con los rumores de La Habana, apenas habrían llegado él y Parker se encontraron con Clara Barton.

Barton había mantenido su promesa a McKinley. Había llegado con J. K. Elwell de Ohio, el 9 de febrero,[157] el barco de vapor pasó la bandera de barras y estrellas del *Maine* en su anclaje. Elwell, que hablaba español y había mantenido un negocio de envío en Santiago desde hacía seis años,[158] se encontraba en La Habana para supervisar el proyecto de paz. Se ofreció como voluntario en respuesta a la

---

155   Charles D. Sigsbee, El "Maine", un recuento de su destrucción en el puerto de La Habana, (Nueva York: The Century Co., 1898), 47.

156   Id. Sigsbee teorizó que la transparencia floreció sobre la situación difícil de los reconcentrados porque cada lado, españoles y cubanos, culpó a la otra por la miseria de los reconcentrados.

157   Esta es la declaración contenida en sus memorias. En el artículo de su revista de mayo de 1898 Barton declaró que había sido solicitada por el cónsul Lee "a seguir (los abastecimientos) a Cuba y ayudar en la distribución." Barton, 553.No era probable que el sobrino de Robert E. Lee, nacido en el Sur, hubiera solicitado que una mujer entre en zona de guerra. Se prefiere la formulación de las memorias de Barton. Barton fue a Cuba con Elwell, y no al revés.

158   Barton, 519.

solicitud del Cónsul Lee al comité para que un ciudadano privado organizara la descarga, el almacenamiento y la distribución en Cuba de los alimentos, suministros y medicamentos donados por los Estados Unidos. Barton cenó a bordo del buque de guerra en una recepción de gala celebrada la noche antes de que el barco se hundió. Cuando la explosión hizo temblar la ciudad veinticuatro horas más tarde, Barton ayudó a los supervivientes, arregló cortejos fúnebres y entierros de los muertos en un cementerio en La Habana y telegrafió informaciónes inmediatas a Washington.

Proctor y Parker se reunieron con ella unos tres agotadores días más tarde, cuando Barton estaba planeando salir de La Habana. Ella pensó que vio almas gemelas. En lo que podría ser una proyección de su parte, caracterizó a Proctor y Parker como con ganas de ver las condiciones de la población de la isla "para ganar algo de conocimiento práctico que podrían utilizarlo en su beneficio".[159] Más confiada en las habilidades de los antiguos soldados para explorar tal conocimiento práctico, Barton dijo que

> parecía ser que no había modo mas cierto para obtener esta información que, invitarlos para que nos acompañaran en las varias giras de investigación que estaríamos ahora en condiciones de realizar fuera de La Habana. Los informes de los grandes sufrimientos habían llegado de Matanzas, y se decidió que *ese* debería ser nuestro siguiente punto de la inspección... Nuestro pequeño grupo se unió a nuestros amigos de Washington ...[160]

Con Parker, en el grupo de Barton, Proctor viajó en coche, ferry y tren, casi todos los días. Él finalmente recorrió cuatro de las seis provincias de Cuba. La primera parada del grupo de

---

[159] Barton, 531.
[160] Id.

Barton fue Matanzas.[161] En Matanzas, la primera vista de Proctor
de los reconcentrados debió de haber sido la más impactante. En
La Habana, la Cruz Roja había abierto cuatro estaciones para la
distribución de pan, en que unos 12,000 harapientos esperaban
en línea para las raciones.[162] Pero en Matanzas no había raciones.
Todavía nada habían llegado de La Habana. Proctor vio los lugares
más miserables. Como previamente había sido recibido por los
mendigos en La Habana, fue golpeado por la poca frecuencia en
Matanzas que fue abordado por cualquier reconcentrado. Vio a los
hombres, mujeres y niños paralizados en la apatía. "Rara vez hubo
una mano extendida para pedir limosna al pasar entre sus chozas",
fue lo que más tarde dijo al Senado. Eran chozas que describió
como "unos 10 por 15 pies de tamaño, y por falta de espacio por lo
general amontonados íntimamente. No tienen piso pero el suelo,
ni muebles, y, después de un uso de un año, poca ropa, excepto
esos sustitutos callejeros que pueden improvisar".[163] En cuanto al
saneamiento, dijo que "las condiciones son innombrable".[164]

De ida y de regreso, en las líneas ferroviarias Proctor estudió
el campo, observando la destrucción y evaluando el estado de los
militares españoles. Su amigo de muchos años y asesor político,
Frank Partridge, verificó no sólo que Proctor "era aficionado a
las cosas militares", sino que "tenía una percepción rápida del
problema militar técnico".[165] A diferencia de los miembros de la
delegación oficial que se agregó cerca de La Habana, todos sin

[161]   Barton, 554.
[162]   Id. El 14 de diciembre de 1897, el cónsul Lee en La Habana estimó que
        150.000 civiles indigentes estaban entonces en y cerca de La Habana,
        que la mitad iba a morir dado la alimentación inadecuada proveída por
        España. *Chicago Tribune*, el 12 de abril de 1898, 9.
[163]   *Cong. Rec.*, Cong. 55a., 2a ses., 1898, 2917.
[164]   Id.
[165]   Partridge, 79.

experiencia militar, Proctor evaluó la disposición española para la guerra mientras recorría con la Cruz Roja.

Aunque nunca habló de ansiedad, viajó por territorio en disputa durante la guerra civil, se expuso a enfermedades contagiosas y vivió sin quejarse durante viajes en los que no existían condiciones rudimentariamente decentes. Por una estrategia que aseguró que su investigación no podría ser criticada como parcial o incompleta, Proctor mantuvo los ojos abiertos, hizo preguntas en inglés mientras visitaba alrededor de La Habana y las zonas en disputa, y deliberadamente se negó a reunirse con los portavoces rebeldes o incluso corresponder con ellos.

Sin embargo, se estaba produciendo un cambio. En una carta escrita desde Washington sólo un mes después que se declaró la guerra, Proctor escribió a Brooks que tenía la intención de dedicarse casi por completo a "Cuba y su bienestar".[166] Este voto específico probablemente reflejaba una resolución formada en la propia Cuba. Proctor regresó a los Estados Unidos transformado. Su indiferencia ostentosa de antes de ir o no a Cuba, de ir si se sentía con ganas para ir, ya no estaba. Hablaba poco. Evitó las preguntas de los reporteros. Una excepción es apenas una excepción. Cuando un innovador periodista de Nueva York lo acorraló en el tren a Washington, Proctor evadió con pomposidad, opinando ampliamente que la solución de la situación Cubana "debe venir de fuera de la isla. Depende de la acción futura, en España y en los Estados Unidos".[167]

Pero él escribió. Escribió diecisiete páginas sobre Cuba en la mañana del jueves, 17 de marzo 1898, cuando fue al Departamento de Estado. Quería obtener e incorporar las revisiones sugeridas

---

[166] Proctor a Brooks, 25 de mayo de 1898, caja 8, carpeta 39, 175, PFPL.
[167] New York Daily Tribune, 11 de marzo de 1898, citado en la tesis de Ruth Lois Tweedy, "La vida de Redfield Proctor," Universidad de Illinois (Urbana), 1942, 41.

antes de tener el manuscrito escrito y copiado para su distribución como un comunicado de prensa. Por supuesto, Proctor ignoró al anciano y enfermo Secretario Sherman por el "verdadero" Secretario de Estado, Day, que había dado a Proctor la carta de presentación para el Cónsul Norteamericano.

Day examinó el comentario objectivo de Proctor y no encontró nada que objetar.

Pero antes de salir de la oficina de Day, Proctor, por alguna razón nunca explicada, le preguntó si sería mejor de entregar sus datos a los periodistas o recitarlos en el Senado. Del mismo modo por ninguna razón indicada Day respondió entonces (o después), "El Senado".

Con esa respuesta de Day, Proctor fue a la Casa Blanca a hablar con McKinley. Recuerdos de Proctor de la conversación diez años más tarde, después de que McKinley había fallecido, cuando Proctor el mismo se estaba acercando a su fin, no fue un recuerdo de un intercambio amistoso.

Lo único que Proctor divulgó después que McKinley revisó sus notas fue negativo. McKinley dijo, "Usted no ha dicho que la condición normal de los cubanos es totalmente diferente a la condición normal de los norteamericanos".[168] McKinley, aunque mudo públicamente, insistió en su conocimiento propio de la complejidad de Cuba. La dura crítica de McKinley menospreció las notas de Proctor como un ensayo escolar sin perspectiva histórica. Deseando no argumentar, Proctor inmediatamente acordó de modificar su informe.

McKinley solamente quería que Proctor procediera con cautela en su proyecto incompleto. McKinley insistió que Proctor ampliara su información y Proctor estuvo de acuerdo con su

---

[168] Linderman, 55.

sugerencia, McKinley pensó de que estaban de acuerdo en que el manuscrito no era final.

Además, la sugerencia fue como una píldora venenosa. McKinley esperaba que Proctor estrangularía su discurso en lugar de entregarlo. Después de todo para que Proctor, no un experto, hiciera una comparación de las condiciones de Cuba y Norteamérica antes de 1898 con detalles y precisión adecuada para su presentación al Senado de los Estados Unidos y de la nación en el registro público tomaría tiempo. Y simultáneamente, la cuenta en primera persona de Proctor se podría transformar en la retórica voluminosa del Congreso de la forma que Proctor temía.

Proctor ciertamente le dijo a McKinley de su conversación con Day. McKinley no desafió directamente el consejo de Day. En lugar de eso él preguntó astutamente a Proctor si tenía la intención de presentar su declaración ante el Senado en ese día.

"No creo que lo haré", le dijo al Presidente. "Se trata simplemente de un proyecto en lápiz y yo había pensado tenerlo escrito a máquina".[169]

McKinley habló dos veces con el mismo obvio objetivo, para ganar tiempo. Necesitaba tiempo porque el informe de la Marina en el *Maine* estaba casi completo y podría estar en Washington dentro de una semana. Silencio de todos en el intertanto mantendría abiertas todas las opciones. Proctor, con notas en la mano para un discurso, repiqueteó a McKinley, la respuesta de Proctor que no esperaba hablar con el Senado en ese día desactivó la tensión. Pero también resultó ser una metida de pata lamentable. La relación amable de Proctor con el Presidente estaba casi a su fin.

---

[169] Id.

Capítulo 7

EL "DISCURSO" DEL SENADOR PROCTOR

L SENADOR PROCTOR SIEMPRE--Y CON fuerza--disputó que él dio un discurso. "(N)o era un discurso", Proctor le dijo a James Morrow en una entrevista en 1908 para el diario *The Washington Post.*[170] Él escribió a Brooks en ese tiempo, "pensé que hice una declaración suave muy conservadora de la situación, pero soy acusado por los hombres de la paz a cualquier precio de que yo traigo una guerra".[171] Un fragmento de iluminación sobrevive en la versión en su cuaderno de notas de esta carta. Proctor había comenzado a escribir: "Si una declaración moderada de los hechos", pero luego lo tachó. Concluyó en lugar, "me inclino a aceptar el cargo con toda la responsabilidad".[172] Proctor, que no quiso admitir que dio un discurso, no ofreció ninguna oposición a la afirmación de que lo que era, llevó a la guerra. Como se ha señalado, debido a Day,Proctor optó para hablar en el Senado en voz alta en lugar de en la sala de prensa en papel. Pero fue el Senador William Frye de Maine que hizo que Proctor hablara de inmediato el 17 de marzo. Frye era un ardiente cubano intervencionista, tal vez el más ardiente en todo el Congreso. La

---

[170] *Washington Post.* 22 de marzo de 1908, PFPL.
[171] Proctor a Brooks, 29 de marzo de 1898, carpeta 38, 456, PFPL.
[172] Id.

insistencia de Frye es una fuerte evidencia circunstancial de que Proctor le mostró sus notas.[173]

Proctor protestó débilmente sobre el deseo de escribir a máquina su proyecto cuando Frye lo condujó al Capitolio. Después que Frye depositó a Proctor en el guardarropa del Senado, el dinámico Mainer logró que el pimientoso Senador de La Florida Mallory[174] cediera el piso en medio de su discurso. En el funeral de Proctor en 1908, el Senador Perkins de California dijo que Proctor le había dicho que

> Él no tenía la intención en ese momento para hacer un discurso de lo que había escrito, pero cuando llegó a la Cámara encontró allí una masa de auditores expectantes y sin aliento, la prensa también estaba representada en la galería y en el piso, que fue impulsado a hablar... él no pudo resistir la tentación, y por eso nos dio la nunca-a-ser-olvidada historia de su viaje.[175]

Esa audiencia de senadores expectantes y sin aliento fue ficticia. Una llamada de quórum inmediato tamborileaba patéticamente entre los pocos miembros. Cualquier profundo silencio se explica mejor

---

[173] Ni Proctor ni Frye documentaron que Frye leyó sus notas. El autor llega a la conclusión por lo que es lógico que Frye no habría insistido con urgencia que Proctor hablara (lo que hizo por cuenta de Proctor) sin una buena idea de lo que Proctor tenía que decir.

[174] Mallory, nacido en 1848, se alistó en el Ejército Confederado en 1864, cuando tenía sólo 16 años. En 1865, él sirvió como guardiamarina en la Armada Confederada. Después de la guerra, Mallory enseñó griego y latín antes de que él practicara ley en Luisiana y en La Florida. Al interesarse en política, se desempeñó primero en la Cámara antes de convertirse en senador. http://bioguide.congress.gov/scripts/biodisplay. pl?index=M000085 (consultado el 12/01/2009).

[175] Id., 35.

con asientos vacíos. De los noventa senadores que representaban los cuarenta y cinco estados de la Unión, cuarenta y seis respondieron presente, incluyendo Frye y Proctor.[176] Cuando Proctor comenzó a hablar, la Cámara del Senado quedó medio vacía.

Entre los ausentes estaban líderes como Henry Cabot Lodge, Sr., el Presidente de la Comisión de Relaciones Exteriores, y el no-intervencionista Mark Hanna de Ohio, quien más tarde le dijo a Proctor que, si hubiera sabido, se habría puesto de rodillas para suplicar que Proctor no hablara. También estuvieron ausentes los Senadores Gallinger y Thurston, los dos senadores enviados a Cuba oficialmente. (Tal vez no estaban en Washington, aunque las impresiones de Cuba de Gallinger ya habían sido publicadas en los periódicos.)

Senadores familiarizados con la forma de las palabras de Proctor, típicas y sin nada especial, hicieron una mueca de dolor al saber que Proctor iba a hablar. A pesar de una voz de bajo profundo,[177] Proctor rara vez habló públicamente. No falta de educación lo pudo explicar, como era un graduado de la universidad, ni timidez, así como fue un excelente vendedor. Es especulativo, pero sigue siendo posible que sus pulmones estaban tan marcados con la grave tuberculosis en 1862 que su cuerpo no soportaría esa actividad. Al punto, Andrew Delbanco caracterizó la oratoria del siglo XIX como "una prueba de energía que requiere las habilidades histriónicas de un cantante de

---

[176] *Cong. Rec.*, Cong. 55a., 2a ses., 1898.

[177] Partridge, 92. ("El senador Hoar dijo una vez en broma en el curso de un debate en el Senado que él había oído que a un Vermonter no se le permitió votar hasta haber hecho una cierta cantidad de dólares con un hombre de Massachusetts en un comercio de caballos, y el senador Proctor inmediatamente interrumpió con su voz profunda, "Y todos votamos.") Además, James B. Morrow en una entrevista publicada póstumamente por el <u>Washington Post</u>, Domingo, el 22 de marzo 1908, se refiere a Proctor como "garganta profunda".

ópera o un predicador de reanimación".[178] Cuando el hijo de Proctor, Fletcher, escribió de su padre como "afable y cordial en la conversación", él no hizo ningún comentario acerca de sus habilidades de hablar en público. Elogió en cambio "la investigación y la lectura amplia y exhaustiva" de su padre.[179] El Senador Dillingham resumió de manera similar que "sus discursos indicaban paciente investigación, pensamiento profundo y fuertes convicciones, y su espíritu sincero dio importancia a sus declaraciones".[180] H.B.F. MacFarland,[181] habiendo comparado Proctor a Lincoln por su estatura y constitución, su cara larga y corta barba, conscientemente agregó: "Yo no digo que él tiene el genio de Lincoln como tampoco tiene la elocuencia de Lincoln, pero tiene, por así decirlo, las raíces de ambos".[182]

Pero los periodistas hambrientos de información sobre el *Maine*, o, en segundo lugar, sobre Cuba, en general, tenían incentivos profesionales y esperanzas por algo que podrían convertir en una historia. Además de la prensa esperanzada, sólo una persona en el Capitolio pareció haber sido realmente emocionada. Ese fue el Speaker de la Casa Reed, el no-intervencionista, quien corrió en la cámara del Senado para escuchar.

Tras la convocatoria de quórum decepcionante, Frye presentó pulcramente a Proctor como "un Senador en los que el país tiene mucha confianza, y un hombre conservador" que iba a compartir "una investigación muy cuidadosa de los asuntos de Cuba".[183]

[178] Andrew Delbanco, "Sacramental Idioma de Lincoln", en Eric Foner, ed, Nuestro Lincoln, Nuevas perspectivas sobre Lincoln y su mundo (Nueva York: WW Norton y Co., 2008), 202.
[179] Partridge, 101.
[180] Id., 90.
[181] El entonces presidente de la Junta de Comisionados, Distrito de Columbia.
[182] Partridge, 100.
[183] Cong. Rec., Cong. 55a., 2a ses., 1898.

Lo que siguió fue, de hecho, ningún discurso tradicional. La presentación de Proctor en el Senado el 17 de marzo de 1898, fue más bien una recitación de notas sin prisa. Fue una recitación sin emoción que comprendió la única ocasión en que habló Proctor con gran, incluso nacional y explosivo efecto.

Proctor no lo hizo para satisfacer a los periodistas que habían escrito que Proctor fue para McKinley a Cuba. Y él no hizo nada para cualquier periodista que esperaba noticias nuevas sobre el *Maine*. Más bien, inmediatamente desinfló expectaciones. Comenzó diciendo que su visita no tenía carácter oficial y que no tenía nada que decir sobre el *Maine*. El Presidente de la Cámara Reed no se quedó mucho tiempo.[184] Pero Proctor apenas había comenzado a hablar.

Por otra parte, el espectáculo del más silencioso de los senadores leyendo notas cautivó a la prensa. Al día siguiente el *Chicago Tribune* explicó a los del medio oeste que

el reconocimiento de la independencia de Cuba por el presidente McKinley en el futuro inmediato fue claramente configurado por el discurso notable del Senador Proctor. Por todas partes se da por supuesto que el Senador de Vermont habla lo que está escrito, y

---

[184] La ausencia de Reed en la mayoría de la recitación de Proctor no impidió a los periodistas de citarlo después. Reed, cuyas aspiraciones presidenciales Proctor había deteriorado al promocionar McKinley en Vermont, supuestamente dijo que la posición del barón del marmól era de esperar ya que "una guerra hará un gran mercado para las lápidas." Arthur Wallace Dunn, De Harrison a Harding, una narrativa personal, Cubriendo un tercio de siglo 1888-1921 (Nueva York: Putnam, 1922), vol. 1, 234. La exactitud de esta cita ha sido siempre sospechosa entre los estudiosos. Véase, por ejemplo, Trask, La guerra con España (Nueva York: Macmillan Publishing Co., Inc., 1981), n. 14, 504. Los mismos investigadores reconocen la fría relación de Reed con Proctor, haciendo la observación que el dicho incisivo no es completamente inverosímil.

es un hecho bien establecido que al menos el esbozo y, probablemente, el texto exacto del discurso se presentó al Presidente y aprobado por él. Las relaciones del Senador Proctor con el Presidente McKinley han sido tan absolutamente confidenciales que sus asociados en el Senado a la vez recibieron el discurso como una declaración inspirada de la política de la administración, especialmente destinado a preparar a la opinión pública por lo que el Presidente estaba a punto de hacer.[185]

Sobre su protesta, la recitación de Proctor se entendía como lo que McKinley quería decir. De sus 52 párrafos, mayormente (16 párrafos) se refieren a las condiciones de los reconcentrados. Otros ocho párrafos informaron de su inspección de los militares españoles. Siete párrafos de observaciones introductorias y siete sobre la situación política en Cuba no hicieron noticia, pero sus cinco párrafos de la Cruz Roja fueron los más importantes. Otros cinco párrafos sobre la demografía cubana eran de estilo enciclopédico no esenciales. Dos párrafos sobre sus fuentes de información y dos que dicen a sus conciudadanos de que ellos, no él, deben decidir qué hacer a continuación, completaron su recitación.

Poco a poco y sin emoción, Proctor describió "la desolación y la angustia, la miseria y el hambre"[186] que los reconcentrados estaban experimentado en Cuba. De Proctor los estadounidenses aprendieron de la muerte en una escala que no se había conocido desde su propia Guerra Civil.[187] Proctor habló de un número

---

[185] *Chicago Tribune*, 18 de marzo de 1898, 2.
[186] *Cong. Rec.*, Cong. 55a., 2a ses., 1898, 2916.
[187] Véase, por ejemplo, Drew Gilpin Faust, Esta República de sufrimiento: la muerte y la guerra civil norteamericana, (Nueva York: Alfred A. Knopf, 2008).

inimaginable: él estimó que 300,000 reconcentrados habían muerto en dos años, el producto de los campos de exterminio de civiles asesinados en masa por el hambre y la enfermedad, la mayoría mujeres, niños y ancianos. Proctor acababa de regresar de los lugares de mayor sufrimiento en el mundo.

Del sufrimiento y la muerte de civiles, Proctor admitió: "Yo fui a Cuba con una fuerte convicción de que la situación había sido embellecida".[188] Pensaba que los periodistas habían exagerado "unos pocos casos de hambre y sufrimiento" y que habían distribuido fotografías de *reconcentrados* enfermos y hambrientos que eran atípicos.[189]

"Vi un montón tan malo o peor", dijo Proctor de las víctimas en las fotografías, recordando que mucho de su viaje "no debe ser fotografiado o mostrado".[190] Habló de las mujeres y los niños desnutridos en los hospitales, "con la cobertura más escasa de trapos—¡y que trapos"![191]

Casi de paso, Proctor dio figuras militares que hacen reflexionar, estimando que sólo 60,000 soldados permanecían en condiciones de trabajar de un original de 200,000 enviados desde España.[192] Según Proctor, incluso las tropas supervivientes estaban mal entrenadas. Proctor ofreció *reconnaissance* a sus colegas

---

[188] Id., 2917.
[189] Id.
[190] Id.
[191] Id.
[192] *Cong. Rec.*, Cong 55a., 2a ses., 1898, 2918. La confianza de Proctor fue estadísticamente infundada. El ejército permanente de Los Estados Unidos de 25.000 soldados menos de la mitad de esa cifra de soldados españoles estaban en forma. Y la estimación de Proctor estaba equivocada. Había cerca de 150.000 tropas españolas preparadas en Cuba y mejor armadas que los soldados americanos de la época. Tone, 258. Sin embargo, "la llamada de McKinley de 125.000 voluntarios produjo más de un millón de solicitantes". Id., 259

senadores, "No vi hacer instrucción o la formación regular".[193]
De la caballería, en un raro momento de humor Proctor se burló
de "los pequeños ponis nativos mal mantenidos de los españoles,
que no pesaban más de 800 libras, duros y resistentes, pero en su
mayor parte, en miserables condiciones, recordando el caballo de
Don Quijote".[194]

Proctor, el investigador cuidadoso, notas en la mano, hablando
simplemente, parecía estar bien informado, un representativo
fiable sobre Cuba. Cooley describió a Proctor como un orador
que, cuando habló en Vermont, "fue al punto, como en el debate,
o cambió hacia un especie de humor seco y más consciente de
sí mismo".[195] Proctor en Washington el 17 de Marzo 1898, se
levantó y habló como el mismo Proctor.

Proctor tuvo que hacer e hizo el discurso que entonces parecía
ser la única cosa que se interponía entre la paz y la guerra con
España, la Cruz Roja. La Cruz Roja planteó un dilema para
Proctor porque dos amigos suyos, McKinley y Barton, no habían
aliviado las condiciones espantosas en lugares como Matanzas,
una ciudad ocupada por los muertos y moribundos. Incluso en La
Habana los miles suficientemente bien para esperar en linea para
el pan de la Cruz Roja, literalmente, era igual a la innumerable
cantidad de familiares y amigos que no podían caminar.[196] Por
omisión de cualquier otra opción, Proctor elogió la eficiencia
de la Cruz Roja. Él dio el mejor cumplido que pudo. Dijo que
era ejecutada como un negocio. Pero las condiciones infernales
en todo Cuba de que él habló, junto con su comprobante de

---

[193] Id.
[194] *Cong. Rec.*, Cong 55a., 2a ses., 1898, 2916.
[195] Memorial, 233.
[196] Barton, 554-555, describió figuras caídas en los pisos húmedos y sucios de
       "Los Fosos", un cuartel militar abandonado en tristes ruinas. Con tiempo
       se convirtió en un hospital limpio y equipado, pero esto fue después de
       la partida de Proctor.

que la Cruz Roja estaba distribuyendo alimentos y medicinas
"de la mejor manera posible",[197] eran una catástrofe que la Cruz
Roja en su mayor eficiencia, y el público estadounidense la más
caritativa, no podían controlar de manera eficaz. Cientos de miles
de mujeres, niños y ancianos cubanos en peligro de extinción,
dieron a Proctor ecuanimidad sobre la guerra, y la ecuanimidad
fue contagiosa.

Proctor dijo por último que "no es mi propósito en este
momento, ni lo considero mi incumbencia, para sugerir cualquier
plan. Simplemente hablo de los síntomas como los vi, pero no
me comprometo a prescribir. Esas medidas correctivas que se
requieran pueden con seguridad ser dejadas a un presidente de
los Estados Unidos y el pueblo estadounidense".[198] La posición
de Proctor hizo que la gente esperara un inminente anuncio de
la Casa Blanca.

Los pocos senadores presentes se volvieron unos hacia los otros.
Apenas sabían qué pensar de lo que escucharon, esencialmente
un informe sin una recomendación. Todos distinguían entre un
discurso de un comunicado. Un periodista de *The New York
Times*, escuchó y repitió sus comentarios sin atribución incluyendo,
"¡Una declaración notable!" "¡Una declaración simple y directa
de un horrible estado de cosas!" "¡Una declaración más eficaz y
convincente!" "¡Una emisión templada y oportuna!"[199]

El Senador Frye sabía exactamente qué enfatizar: la
credibilidad. Dijo a los reporteros: "Es como si Proctor hubiera
lavantado la mano derecha y jurado a ella".[200] El Senador Chandler
de New Hampshire, otro intervencionista, no estaba menos
satisfecho. Desde la silla de presidir el Senado, él escribió una

[197] *Cong. Rec.*, Cong 55a., 2a ses., 1898, 2917.
[198] *Cong. Rec.*, Cong 55a., 2a ses., 1898, 2919.
[199] *New York Times*, 18 de marzo de 1898, 2.
[200] Leech, 172.

nota para Proctor, que dijo: "Dios te bendiga. Ni una palabra se podría cambiar".[201]

La declaración de Proctor, impresa en su totalidad como noticia de primera plana, generó una tormenta de fuego. Editores elevaron al republicano de información privilegiada, amigo y consejero del presidente, un millonario en deuda con nadie, como alguien que en la presencia de los reporteros y ante testigos del Congreso verificó las historias de atrocidades españolas en Cuba que se habían publicado por años eran ciertas.

El silencio de McKinley cayó bajo asedio inmediato. Paciencia expiró como una opción. Por ejemplo, el *Omaha World Record* instó a la acción y maldijo la indecisión. Su editorial dijo: "La humanidad y la justicia demandan acción--ahora, ahora, ahora", y llegó a la conclusión que "el hombre que puede mantener la calma mientras se lee el informe del senador Proctor del hambre y miseria en Cuba se congelaría en el infierno". El *Chicago Post* quería limpiar la "sangre de los inocentes" en nuestra puerta. El *Boston Traveler* dijo que las "manos de las madres y niños que mueren se estiran hasta nosotros en agonía". El *Sacramento Bee* habló de hacer caso a "los gritos de los Cubanos muertos de hambre".[202]

Después del discurso de Proctor, sólo un periódico, el *Rochester Times*, tomó con fuerza la línea de McKinley-Barton. Ese periódico evocó el primer éxito en el extranjero de Clara Barton y comparó Cuba como "una Armenia norteamericana a menos de 100 millas de nuestras costas".[203]

El plan de paz de McKinley-Barton se derrumbó en otros lugares. Empresarios, anteriormente contra los riesgos de la guerra declararon al *Wall Street Journal* que el discurso de Proctor "hizo

---

[201] Bowie, 373.
[202] Todos estos son de Bowie.
[203] Estas cinco citas de prensa son de Bowie, 370-371.

hervir la sangre."[204] En su editorial, el *American Banker* apoyó para la intervención a fin de que un "¡pueblo ultrajado pudiere ser puesto en libertad"![205] El *Chicago Economist* opinó con más cautela pero con mas militancia que la guerra no hace daño al negocio "o poner en peligro el estándar de oro".[206]

Los periódicos de la Iglesia cambiaron para apoyar la intervención.[207] El *Congregational Advance* había denunciado páginas amarillas antes del discurso de Proctor, en fecha tan tarde como el 10 de Marzo. Inmediatamente después del discurso de Proctor, la edición del 24 de Marzo del *Advance* declaró que hasta los periódicos estadounidenses estaban confirmados y que los cubanos merecían la independencia con el apoyo estadounidense. El domingo, 27 de marzo 1898, un ministro de Brooklyn rebajó las referencias sobre el *Maine*. Ignorando el informe inminente del *Maine*, le dijo a los parroquianos: "Yo digo que cuando los

---

[204] *Wall Street Journal*, 19 de marzo de 1898. Artículo citado con mayor extensión en Pratt, 246.

[205] *American Banker*, LXIII, 489 (23 de marzo de 1898), citado por Pratt, 247.

[206] *Economist*, 19 de marzo de 1898. Citado por Pratt, 244. La conclusión de Pratt es que la comunidad empresarial estadounidense apoyó la guerra como reacción al espectáculo del sufrimiento de Cuba sigue siendo controvertido. Arthur Barcan, en la tesis de maestría inédita, "El imperialismo estadounidense y la Guerra Española", Universidad de Columbia de 1940, es un estudio más amplio de más publicaciones de negocios de un período de tiempo más largo, llegó a la conclusión de que el interés de la comunidad empresarial estadounidense en el mercado Asia/Pacífico, es decir, Hawaii, Filipinas, fue constante, y que su interés en Cuba sólo deriva de una conciencia tardía de las consecuencias probables del Pacífico concomitante a una guerra de inspiración cubana. Ver también Marilyn Blatt Young, El expansionismo norteamericano, los temas críticos, (Boston: Little, Brown y Co., 1973), especialmnte el ensayo de Philip S. Foner, "Por qué los Estados Unidos entró en guerra con España en 1898", que comienza en la pág. 6.

[207] Julius W. Pratt, Expansionistas de 1898: la adquisición de Hawaii y las islas españolas (Baltimore: Editorial Johns Hopkins, 1936), 284, 288.

hombres y las mujeres y los niños se mueren de hambre en Cuba la paz no es santa. Soy ministro de la paz, pero esa paz no es una paz Cristiana".[208] El *Catholic Herald* había favorecido arbitraje papal entre España y Cuba, pero el 9 de abril declaró que si se trataba de la guerra, los católicos estadounidenses harían su deber como ciudadanos patrióticos.

Los Senadores que el periodista del New York Times había citado por sus exclamaciones suaves como "discurso notable!" fueron sucedidos por voceros como el ex-presidente Benjamin Harrison. Harrison opinó superlativamente que no se había hecho "en cualquier asamblea legislativa del mundo dentro de cincuenta años un discurso que tan poderosamente ha afectado el sentimiento público".[209] El *New York Times* publicó un retrato formal de Proctor en la portada de su revista dominical de abril 3 de 1898, sobre la leyenda: "Redfield Proctor, Senador de los Estados Unidos de Vermont, que nos dijo la plena verdad acerca de Cuba".[210]

Fuera del país, las palabras de Proctor se tomaron como una señal. Dentro de dos semanas, en Madrid, el Ministro de McKinley, Stewart L. Woodford, dijo al primer Ministro Sagasta

> que el sentido sobrio del pueblo Estadounidense insistía en al cese inmediato de las hostilidades, que no podíamos esperar hasta que el Congreso cubano se reuna, que la paz práctica y eficaz debe venir ahora, inmdiatamente. En este contexto me he referido al reciente discurso del Senador Proctor. Le dije que

---

[208] *New York Times*, 28 de marzo de 1898, 3. El ministro fue el Reverendo Dr. Ferdinand C. Iglehart de la Iglesia Metodista Episcopal.

[209] Joseph Wisan, <u>La crisis cubana que se refleja en la prensa de Nueva York</u>, 1895-1898 (Nueva York: Octagon Books, 1934), n. 90, 412.

[210] *New York Times*, suplemento de la revista, 4 de abril de 1898.

conocía bien al Senador Proctor, que había sido
miembro del gabinete del Presidente Harrison, que es
uno de los más conservadores y confiables de nuestros
hombres públicos, y que después de su declaración
pública y serio ya no podía conscientemente consentir,
por parte de mi gobierno, el más mínimo retraso en la
obtención de la paz inmediata y eficaz.[211]

La citación de Woodford a Proctor es surrealista, considerando
el enfático rechazo de Proctor en el rol de la acción en Cuba.

Cuando, el 21 de marzo de 1898, la Marina anunció que el
informe de la comisión de investigación se completó, la apertura
del país a la nueva información sobre Cuba había pasado. Ni
McKinley ni el país estaban en ninguna prisa. Sin prisa, el informe
ahora-anti-climático navegó de Cuba a La Florida, y luego por la
costa en tren a Washington, desde Union Station en carruaje a
un hotel durante la noche del 24 de marzo de 1898. La mañana
del Viernes, 25 de marzo de 1898, sus mensajeros militares lo
entregaron por mano en la Casa Blanca. McKinley tomó el fin
de semana para revisarlo antes de presentarlo al Congreso el 28
de marzo de 1898.

Durante este tiempo, después del discurso de Proctor y antes
de el informe del *Maine*, el Senador Thurston habló en 24 de
marzo 1898 sobre su visita oficial a Cuba. Su esposa, una de
las "damas de la corte" de la Cruz Roja, había muerto en Cuba
durante su viaje juntos. Thurston entregó un discurso patriótico y
emocionante. Fue aplaudido vigorosamente por las galerías llenas.
Terminó con una narración de la dedicación de su esposa a la
causa de los reconcentrados, luego se derrumbó en sollozos en
su escritorio. A diferencia de todas las precedentes, la reacción

[211] *Foreign Relations* (1898), 723-724.

de las galerías no se dio por concluida por la silla. El discurso de Thurston fue publicado en su totalidad por los periódicos, no añadió nada al diálogo nacional, ni el discurso igualmente entusiasta de Gallinger más tarde.

A diferencia del los discursos de Thurston y Gallinger, ¿qué explica la reacción nacional espontánea e increíblemente intensa a la recitación de las notas de viaje de Proctor? Proctor no entregó su informe con emoción. Su declaración reflejó una entrega perseverante, normal, y típica para Proctor. Profesor Joseph Wisan dijo "que la manera imparcial y sincera, sumó al efecto",[212] pero ese efecto no era artificial o excepcional. Como Wisan, el Senador Dillingham encontró efecto en "la declaración fría, desnuda, clara" de Proctor de tal manera que "los hechos expuestos se fijaron en las mentes de todos los Senadores presentes, y, al ser anunciados por la prensa, despertaron a la nación a la acción".[213] El amigo de largo tiempo y ayuda política de Vermont, Frank Partridge, sugirió como alternativa, "Sus observaciones eran sabias porque él siempre fue un observador inteligente. Su estilo era simple y directo como siempre, porque era su manera".[214]

Por otra parte, Proctor era un veterano de la Guerra Civil y el ex-Secretario de Guerra. Podía ofrecer experiencia militar no poseído por ningún otro orador cuando criticó las fuerzas militares de España en tono de burla. La prensa imprimió su valoración despectiva de los militares españoles, junto con su informe de primera mano de la Cruz Roja de la desesperada situación de los cubanos. Americanos que aprendieron que los reconcentrados seguían sufriendo y muriendo entendieron también que los reconcentrados fueron custodiados por soldados mal entrenados y mal equipados con ponis de caballería como el

---

[212] Wisan, 412.
[213] Memorial, 18.
[214] Partridge, 92.

caballo viejo de Don Quijote. Si la Cruz Roja no era suficiente, parecía inexcusable de no enviar a los reconcentrados una especie diferente de rescatadores.

A medida que se realizaban dichas deducciones lógicas en los hogares, en Wall Street, en las iglesias y en las salas de redacción de los periódicos del país, Proctor enfrentó McKinley por primera vez después de su discurso. La reunión tuvo lugar probablemente en la Casa Blanca, de la que McKinley rara vez salía. Probablemente ocurrió en el primer día de la primavera. Cortelyou ha documentado que Proctor fue uno de los visitantes de McKinley el 21 de marzo de 1898. A pesar de que Proctor nunca contó lo que McKinley hizo o dijo para precipitar su observación defensiva, pero una implicación de que McKinley mostró descontento es suficientemente claro.

"Usted sabe ... que no prometí retirar la declaración",[215] Proctor se acordó de haber dicho, implorando a McKinley de recordar.

"Eso es verdad," McKinley dijo. Pero McKinley movió su mano y rebeló su intención original cuando agregó, "Pero yo pensé que usted esperaría. Yo quería que el senador Hoar leyera lo que usted había escrito".[216]

Proctor, el portavoz nacional de nueva confianza en Cuba, se molestó. Él gruñó, "Tengo una opinión muy alta de Hoar, pero no estoy en el hábito de consultar con él sobre lo que voy a decir".[217]

Irónicamente, Hoar fue uno de los senadores más afectados por el discurso de Proctor. "Al final fue lo que me llevó a dar mi consentimiento, a la declaración (de la guerra)", Hoar escribió

---

[215] Linderman, 56.
[216] Id.
[217] Id.

a un amigo.[218] La paloma se convirtió en un halcón. Hoar hizo eco de Proctor antes de que McKinley lo hizo. Hoar se levantó para dirigirse al senado el 14 de abril, diciendo que detener la inanición deliberada de miles de seres humanos requería la intervención militar.[219] Dos días antes de ese discurso, Hoar había escrito a William Claflin, "(N)o podemos mirar de brazos cruzados mientras ... los seres humanos inocentes, mujeres, niños y ancianos, mueren de hambre cerca de nuestras puertas".[220]

---

[218] G.F. Hoar a Edward Atkinson, 2 de septiembre de 1898, Papeles de Atkinson, Sociedad Histórica de Massachusetts. "Supongo que la fotografía (de Proctor) de la miseria y el hambre... era verdad, y que era esa imagen la que provocó la guerra. Sin duda fue lo que me llevó a dar mi consentimiento, al final de la declaración (de la guerra)". Citado en Richard E. Welch, Jr., George Frisbie Hoar y los republicanos mestizos, (Cambridge: Editorial universitaria Harvard, 1971), n 28, 215.

[219] *Cong. Rec.*, Cong 55a., 2a ses., 3832-3835.

[220] G.F. Hoar a William Claflin, 12 de abril de 1898, Papeles Claflin, Biblioteca Rutherford B. Hayes, citado en Welch, 214.

CAPÍTULO 8

McKINLEY HACE ECO
DE PROCTOR

P ROCTOR HABLÓ DURANTE UN LARGO período de renovado silencio presidencial sobre Cuba. Al recibir el telegrama en la Casa Blanca que el *Maine* se había hundido, McKinley dijo al Secretario de la Marina que emitiera un anuncio de que la Marina investigara la causa de la pérdida y para que el país mantuviera la calma.[221] Durante cuarenta días a partir de entonces unos pocos privilegiados se reunieron y hablaron con McKinley. Entre ellos, mientras McKinley y el país esperaban el informe de la Armada, fueron Charles G. Dawes y George Cortelyou. Igualmente importante para los historiadores, los dos hombres llevaron diarios.

El rico Dawes vivía cerca de la Casa Blanca, en una casa conocida por "su establo de caballos buenos".[222] Cortelyou, un ex-maestro todavía pagando las deudas de su escuela privada, un experimento fallido, era un estenógrafo, mensajero y supervisor de los copistas de la Casa Blanca. Dawes, un Almirante veterano de McKinley,[223] había sido galardoneado con el cargo de Contralor

---

[221] "El juicio debe ser suspendido hasta que se realice una investigación completa." Gould, 35.

[222] Dawes, xvi.

[223] Id., ix-xi.

de la Moneda[224] por el Presidente). Su relación era tan cerca como "padre e hijo".[225] Cortelyou era todo negocios, y presidencias fueron su negocio. Dawes almorzaba en la Casa Blanca, jugaba a las cartas y montó en carroza con McKinley. McKinley pasaba la última hora de cada día principalmente dictando o discutiendo la correspondencia con Cortelyou.[226] Las entradas en el diario de Cortelyou en 17 de marzo de 1898 no contienen nada sobre el discurso de Proctor. Cortelyou describe que McKinley le mostró noticias de Madrid, dos cables de Woodford. Uno de ellos fue sólo la última entrega de una serie de intercambios sobre la aceptabilidad de Lee como cónsul en La Habana. El otro comunicó la preocupación española que "mandando suministros de socorro en buques de guerra sería estimado para causar seria verguenza".[227] McKinley discernió una amenaza para su plan de paz. Horas después del discurso de Proctor de los cubanos hambrientos, McKinley dio órdenes estrictas a Cortelyou para traer los cables a Day la mañana siguiente. McKinley dijo, "Tenga esto en sus propias manos, no deje que

---

224 Id., xiii.

225 Id., xvi. (Prólogo del editor, Bascom N. Timmons.)

226 Ford, 43. Según Ford, Cleveland dijo a McKinley, "Cualquier cambio que realice en su oficina, mantenga Cortelyou". McKinley lo hizo. Excepcionalmente, Cortelyou sirvió tres hombres muy diferentes, los presidentes de ambos partidos políticos, un "equipo de transición" de solo un hombre, a quien Theodore Roosevelt retuvo a su vez. Tan pronto como pudo T.R. trajo Cortelyou a su gabinete como Director General de Correos. El conocedor Cortelyou pudo haber recordado con McKinley el éxito de la política de Cleveland de silencio selectivo durante la crisis venezolana, un silencio sólo interrumpido por declaraciones cada vez más belicosas. O cualquier parecido entre la estrategia cubana de McKinley y la estrategia venezolana de Cleveland puede ser pura coincidencia. Lewis Gould titula el primer capítulo de su exploración de la evolución de la presidencia americana a través del siglo XX "La edad de Cortelyou."

227 Diario de Cortelyou, LC, 17 de marzo de 1898.

pasen a través de otras manos sino las suyas propias".[228] Al día siguiente, el viernes, 18 de marzo "aproximadamente 2:45 (p.m.), el Juez Day vino a quedarse con el Presidente, antes y después de la recreación regular del viernes por la tarde".[229] Day acompañó a su esposa, la señora McKinley y otros para una obra de teatro, mientras que el Presidente siguió trabajando. Cuando Day y las señoras regresaron, Cortelyou estaba presente. McKinley pidió que entraran a la sala de gabinete para "leerles algunas de las cartas que estaba recibiendo de diferentes partes del país, especialmente una de un viejo caballero que elogió su determinación de esperar hasta que estuviera convencido de que tenía razón antes de seguir adelante".[230]

McKinley vivió por este soporte público. El sábado, 19 de marzo Dawes escribió en su diario que McKinley, a quien veía como perpetuamente alegre, estaba "mucho más animado que de costumbre".[231] En la misma fecha Dawes escribió: "Si la guerra llega, será porque el hambre y el sufrimiento en Cuba es tal que por su cuenta los Estados Unidos no se detuvo en razones de humanidad y justicia ultrajada, y que esta intervención es resistida por España".[232]

De otra fuente sabemos que el 19 de marzo Oscar Straus, un hombre de negocios de Nueva York, aconsejó a McKinley de "*suzerainty*", para salvar la cara o soberanía técnica. Straus explicó que Egipto fue el destinatario del tributo en forma de dinero aduanero de sus sujetos autónomos en Turquía.[233] McKinley se quejó a Straus: "Vamos a tener un gran problema en satisfacer a

---

[228] Id.
[229] Id. 18 de marzo de 1898.
[230] Id.
[231] Dawes, 148.
[232] Id., 147.
[233] Gould, 76.

los insurgentes o en conseguir que se pongan de acuerdo para algo, ellos son aún más difíciles que España para tratar".[234]

La recepción del país fue inmediatamente instructiva. Cualquier político que quería saber lo que los estadounidenses querían oír de repente no necesitaban ningún otro dato. El silencioso presidente McKinley, sí bien pronto y furioso se enfrentó con Proctor, dentro de un mes, recapturó la aprobación pública copiándolo. En su "mensaje de guerra" ante el Congreso el 11 de abril de 1898 McKinley se refirió sólo de pasada al *Maine*. Él siguió el tema de Proctor de una crisis humanitaria. Además, McKinley imitó el reporte de Proctor como testigo. Sólo había una manera de que pudiera. Él liberó los informes del holocausto cubano enviado a Washington por los cinco Cónsules Norteamericanos en varias provincias de la isla. Estas correspondencias consulares, secretas hasta el mensaje del Presidente, fueron puestas a disposición para todos los periódicos. Extractos largos e impactantes fueron impresos junto al propio mensaje de McKinley, haciendo cada periódico un eco del discurso del 17 de marzo de Proctor.

La audiencia de McKinley, por supuesto, ya estaba convencida. Proctor había hablado. Entre otros, el Senador de Massachusetts George Frisbie Hoar, un intervencionista muy reacio, dio crédito a Proctor específicamente determinando su voto por el "sí" para la guerra con España. Recordamos el *Maine* mejor que recordamos a Proctor, pero su discurso y el espectáculo de su recepción sin embargo se puede reconstruir. La conexión es clara para millones entre el discurso de Proctor y el comienzo de la guerra de 1898 se estableció.

Decir acerca de la génesis de apoyo popular nacional para la guerra con España, o simplemente la historia del mensaje de McKinley el 11 de abril al Congreso requiere hablar de Proctor. Irónicamente, la

---

[234] Id.

cuestión cubana no tenía gran importancia para Proctor hasta 1898. Su viaje a Cuba siguió siendo poco probable hasta la noche en que salió de Washington, tres días después de que el *Maine* detonó. Del mismo modo, su discurso se mantuvo improbable hasta la mañana del día en que lo entregó. Pero su discurso fue tan bien recibido que, dos semanas más tarde, se atrevió a aconsejar a McKinley qué decir al Congreso sobre Cuba. Mientras su país y McKinley luchaban con la guerra y la paz, Proctor jugó un papel clave. En resumen, durante la lucha del país y de McKinley, Proctor guió las dos.

Todos los primeros historiadores de la guerra dieron a Proctor poca atención. Por ejemplo, el colega de Proctor, el Senador Henry Cabot Lodge, Sr., un ex profesor de historia de Harvard, como Senador continuó escribiendo historias. La teoría de Lodge sobre el *Maine* destruido desde entonces se ha convertido en estándar. Lodge escribió que cuando el *Maine* se hundió "una ola de furor e ira invadió al pueblo estadounidense".[235] Aunque Proctor habló el 17 de marzo de 1898, Lodge escribió que "casi no se dijo una palabra, ya sea en la Cámara de Representantes o en el Senado, y durante cuarenta días, el pueblo estadounidense y el Congreso estadounidense esperaron en silencio por el veredicto de la junta de oficiales de la Marina que habían sido designados para informar sobre la destrucción del *Maine*".[236] De acuerdo a Lodge, el evento culminante fue el informe sobre el *Maine*, cuando la "paz -a-cualquier-precio por la que la gente luchó duro, pero en vano contra el curso de la opinión pública".[237] Sin embargo, un vestigio de la verdad permanece incrustada en la historia de Lodge. La fotografía de Proctor en su libro de historia aparece arriba de

[235] Henry Cabot Lodge, La Guerra con España (Nueva York: Editorial Harper y Brothers, 1899), 29.
[236] Id.
[237] Id., 33. En el relato de Lodge, la intervención fue basada en gran medida por la Comisión de Relaciones Exteriores del Senado, que Lodge presidió.

una leyenda con el "informe (de Proctor) de sus observaciones sobre los resultados de la dominación española en Cuba influyó profundamente en el sentimiento público en los Estados Unidos".[238]

Por el contrario, otro de los primeros historiadores de la guerra le dio más crédito a Proctor. Henry B. Russell escribió que el discurso de Proctor hizo una "impresión más marcada en el Congreso y el país" que cualquier otra cosa entre la explosión del *Maine* y la declaración de guerra.[239] En concreto, dijo Russell que cuando Proctor

> describió en un lenguaje fresco, desapasionado las condiciones de Cuba como él las vio en febrero y a principios de marzo, y expresó su juicio sobre el futuro de Cuba si seguía bajo el dominio español, ... la gente dudosa empezó a darse cuenta por qué era que muchos habían instado intervención. Aseguró al Senado que él habló sin ningún tipo de consulta con el presidente, y que sus palabras sólo pueden ser interpretadas como una expresión de su opinión personal, pero era bien sabido que era un amigo cercano del Presidente, y que su juicio era apreciado en la Casa Blanca.[240]

A pesar de su breve aparición en la historia del Senador Lodge y el relato en el libro de Russell, la importancia histórica de Proctor menguó cuando la atención se desvió hacia el *Maine*. Personas

---

[238] Id., Fotografía opuesta página 40.

[239] Henry B. Russell, Una historia ilustrada de nuestra guerra con España: sus causas, incidencias y resultados, (Hartford, Connecticut: A.D. Worthington y Co., 1898), 446. El libro es de 780 páginas.

[240] Id., 446. En cuanto a Proctor y el presidente McKinley, Proctor era un amigo cercano y valioso asesor del Presidente. En cuanto a la consulta, Proctor reveló años más tarde que él había ido a la Casa Blanca con sus notas, que McKinley las leyó antes de darle una señal de aprobación con la cabeza para leer sus palabras.

bien informadas legas observaron y criticaron la tendencia. Lyman Abbott escribió en sus memorias que

> la guerra española ha sido a menudo atribuida a la destrucción del *Maine* ... De hecho, la destrucción se llevó a cabo 15 de febrero y la guerra no se declaró hasta el 24 de abril, más de dos meses después. El verdadero motivo de la guerra fue el informe del Senador de Vermont Proctor..., que despertó en el país una ola de indignación humanitaria que resultó irresistible.[241]

Estudiosos académicos discernieron el histórico significado de Proctor. William Karraker audazmente declaró que el discurso de Proctor era el "principal factor responsable de la precipitación de la guerra con España" en su Ph.D. tesis en 1940.[242] La caracterización de Karraker languideció sin un segundo hasta que el profesor

---

[241]   Lyman Abbott, Reminiscencias (Boston, Houghton Mifflin, 1915), 436-437, citado en Michelle Bray Davis y Rollin W. Quimby, "El discurso cubano del senador Proctor: especulaciones sobre la causa de la Guerra Española-Americana," *Quarterly Journal of Speech 55* (abril de 1969), 131. Curiosamente, Abbott, un activista social / clérigo con un púlpito en Brooklyn, dio un sermón a favor de la libertad de Cuba el domingo antes del discurso de Proctor. Wilkerson, 110. (citado en el *New York Journal*, 14 de marzo de 1898, 1.) El hundimiento del *Maine*, obviamente, solo bastaba para agitar Abbott para tomar una posición. Pero dada el punto de ventaja de Abbott en la ciudad de Nueva York, una ciudad ideal para los partidarios pro-de Cuba, que ya él trató de despertar, su apoyo a la prioridad de Proctor implica una respuesta que no se detectó en la fuerza hasta después del 17 de marzo.

[242]   William A. Karraker, "Las Iglesias de Norteamérica y la Guerra Española-Norteamericana", (tesis doctoral sin publicar, Facultad de Teología de la Universidad de Chicago, 1940), 44, citado en Michelle Bray Davis y Rollin W. Quimby, " El discurso cubano del senador Proctor: especulaciones sobre la causa de la Guerra Española-Norteamericana", *Quarterly Journal of Speech 55*, (abril de 1969), 131.

Gerald F. Linderman, más de treinta años después, en 1974, en su estudio de la Guerra de 1898, dedicó un capítulo en el rol de Proctor. Recientemente, en su encuesta panorámica, el profesor Paul T. McCartney escribió que "después del discurso del senador Proctor, la posibilidad de la guerra era demasiado grande para ignorarla."[243] McCartney resumió de fuentes primarias que "en las manifestaciones públicas, folletos y peticiones al Congreso que dio el impulso principal para la guerra, el pueblo estadounidense no clamaron por conquista territorial sino para el alivio de un pueblo brutalmente oprimido que viven a las puertas de la nación".[244]

En su entrada para el domingo, 20 de marzo, dijo Cortelyou, "El correo era pesado hoy como siempre. Las cartas de consejo y recomendación siguen llegando".[245] Más importante aún, llegó un cable confidencial: la junta del Almirante Sampson fue unánime que el *Maine* había sido volado por una mina submarina. Después que McKinley consultó con Day, los dos decidieron enviar nuevas instrucciones a Woodford. El incidente del *Maine* podría ser resuelto por reparación, pero el presidente puso la cuestión de Cuba en el Congreso si España no toma ciertas medidas para corregir las "condiciones generales en Cuba que no se pueden ya soportar, y que demandará la acción de nuestra parte".[246] Ese mismo domingo en la ciudad de Nueva York en el Madison Square Garden, Dwight L. Moody, el famoso evangelista, comenzó una reunión en masa leyendo el discurso de Proctor en su totalidad. Entonces Moody lentamente inspeccionó a todos los asistentes y

---

[243] Paul T. McCartney, <u>Poder y progreso, la identidad nacional norteamericana, la guerra de 1898, y el surgimiento del imperialismo estadounidense</u> (Baton Rouge: Editorial universitaria Luisiana, 2006), 106.
[244] <u>Id.</u>, 87.
[245] Cortelyou, LC, 20 de marzo de 1898. En su entrada el 22 de marzo Cortelyou dijo que "casi la mitad" del correo de McKinley era sobre Cuba.
[246] Gould, 78.

tronó: "Quiero que todos los hombres y todas las mujeres lean ese discurso".[247]

Después del discurso de Proctor, Day y McKinley miraron a Madrid por acción. McKinley dijo en un cable a Woodford sobre armisticio y arbitraje el 19 de marzo que "el 15 de abril no es una fecha muy temprana para el cumplimiento de estos fines".[248] Quería que Woodford dijera eso a Sagasta. En otras palabras, McKinley quería que España terminara una guerra civil de tres años y comenzara las negociaciones en menos de un mes.

El lunes, 21 de marzo Cortelyou observó que McKinley interrumpió una conferencia que tenía con el Senador Proctor y varios otros miembros del Congreso en la sala de gabinete para mostrar al Presidente de la Cámara Reed la biblioteca de la Casa Blanca.[249] McKinley mantuvo Reed, quien supuestamente había bromeado que el discurso del "barón del mármol" crearía un buen mercado para lápidas mortuorias,[250] y para mantener una distancia discreta lejos de Proctor.

La mayoría del Congreso que McKinley se había jactado a de Loma en la cena diplomática a finales de enero se fue derritiendo. Su primera línea de lucha contra la guerra, Reed y Cannon en la Cámara, Nelson Aldrich, Oliver Pratt, William Allison y Mark Hanna en el Senado,[251] se estaba desmoronando.

McKinley, no del todo sin esperanza, continuó hablando con España. Más tarde Day culpó a España de la guerra. Más

---

[247] Partridge, 91-92.
[248] Gould, 78.
[249] Cortelyou, LC, 21 de marzo de 1898.
[250] Trask, 36. Trask cree que "Una guerra hará un gran mercado para las lápidas", puede ser apócrifa, mientras Leech, 172, citó con aparente confianza.
[251] Phillips, 91. (Enumera estos como firmes partidarios de McKinley "al menos hasta marzo de 1898".)

específicamente, Day después le dijo a Bassett Moore[252] que "para cualquier historia de la diplomacia la guerra parece ser inteligible, se debe discutir las condiciones en Cuba y el fracaso de España para mejorarlas".[253] Day, no menos que McKinley, ignoró la extensión de que "las condiciones en Cuba" fue el resultado de itinerante guerrillas.

McKinley así se mantuvo optimista. El 22 de marzo le dijo a Dawes durante un juego de "euchre" que esperaba que el sufrimiento en Cuba se detenga sin guerra, y que sólo "razones más amplias que la cuestión de la responsabilidad del desastre del *Maine*"[254] podrían justificar la intervención militar. Sintiendo el momento oportuno, John J. McCook, un abogado de Nueva York asociado con la Junta Cubana,[255] envió una carta pidiendo a McKinley "si el tiempo ha llegado para el reconocimiento inmediato de la República de Cuba" con un gratuito memorándum legal de los precedentes europeos para la intervención militar, la mayoría citando el Manual de Derechos Internacional Público de Walker, i.e., "en el terreno de la humanidad, a fin de mantenerse la efusión de sangre", o "para poner fin a la piratería y la anarquía".[256]

McKinley estaba desprevenido para tal intervención. Se mantuvo enfocado en alimentos para la paz. El sábado, 26 de marzo Dawes se enteró que McKinley planeaba enviar el informe

---

252 John Bassett Moore era un intelectual talentoso y versátil. En 1898 acababa de terminar una historia de arbitraje internacional en seis volúmenes, la primera de las siete obras sobre las relaciones internacionales que escribió mientras mantenía la cátedra de ley internacional y diplomacia en Columbia. Moore había precedido a Day como Subsecretario de Estado 1886-1891. Day se correspondía con Moore, buscando opiniones y consejos a partir de 1897.

253 Phillips, 95, citando a Morgan, *El camino de Norteamérica al Imperio*, 60.

254 Dawes, 147.

255 Offner, 128.

256 Correspondencia de McKinley, Biblioteca del Congreso, Film 922, rollo de microfilm 3 (12/24/1897-6/23/1898).

naval el lunes al Congreso seguído el martes por la solicitud de un crédito destinado a alimentar a los hambrientos en Cuba. Dawes escribió con admiración y aprobación que "se va a alimentar a estas personas si España objete o no".[257] Al mismo tiempo Cortelyou "maravilló la firmeza del Presidente, y en especial su rechazo a ser empujado o sacudido por los patrioteros".[258]

John Bassett Moore, experto en derecho internacional con permiso de ausencia de emergencia del gobierno de Colombia, dijo que "se reunió por primera vez con el Juez Day tal vez un mes antes del estallido de la guerra".[259] Él, por lo tanto, pudo haber tenido una mano en los desarrollos a finales de marzo. Entre esto, McKinley telegrafió a Woodford el domingo, 27 de marzo.[260] Le dijo a Woodford que no podía mirar "el sufrimiento y el hambre en Cuba sin horror ... No ha habido ningún alivio a los hambrientos, sino el que el pueblo estadounidense ha suministrado".[261] Él estableció dos objetivos: "Armisticio hasta el 1 de octubre. Mientras tanto, las negociaciones en busca de paz entre España y los insurgentes a través de buenos oficios del Presidente de los Estados Unidos".[262]

En la noche del 27 de marzo McKinley "dictó con gran rapidez" para Cortelyou un breve mensaje para ir al Congreso, junto con el informe de la investigación naval sobre el *Maine*, presentado al Congreso y al país el día siguiente.

---

[257] Dawes, 148.

[258] Ford, 55.

[259] McLean, 32. Bassett caracterizó una vez a Day como generalmente "suficientemente sabio para buscar el consejo de los que tenían experiencia" en la diplomacia. Id., 36, n. 17. Él no fue más específico.

[260] Olcott, II, 19.

[261] Id., 20.

[262] Gould, 79.

El mismo día en Ohio, un miembro de la extensa familia de McKinley, Russell Hastings,[263] escribió una carta en la que comenzó "Mi querido Comandante". Hastings dijo que "el informe del senador Proctor parece haber solidificado todos los elementos". Instó a su pariente a "poner un fin a tal barbarie y cuanto antes mejor".[264]

El lunes, 28 de marzo de McKinley dictó un largo mensaje de continuación, un bosquejo para el Congreso. Esa semana[265] Proctor escribió una carta de consejo sin fecha a McKinley. En la parte superior en la izquierda de la carta alguien luego escribió, después subrayó "Archivo Estrictamente Confidencial. Comenzó "Estimado Sr. Presidente" y siguió:

> Me he mantenido lejos de Ud., porque yo no deseo añadir el peso de una pluma a sus labores y no por falta de interés en ellos o en Ud., pues nada más hay en mi mente. El periódico de la tarde y los rumores del Capitolio hablan de favoreciendo la "intervención" y oponiendo al "reconocimiento" - Ahora, ¿por qué aceptar o rechazar cualquiera? ¿Por qué no después

[263] De acuerdo con Leech, Hastings era "un veterano de guerra con una sola pierna y el más querido de los camaradas de McKinley". Leech, 20. Algunos veinte años antes, en un cortejo alentado por la señora McKinley, Hastings se casó felizmente. Él y la sobrina del Presidente Hayes intercambiaron votos en una boda en la Casa Blanca. Id.

[264] Correspondencia de McKinley, Biblioteca del Congreso, Film 922, rollo 3 (12/24/1897-6/23/1898).

[265] Este documento fue enviado al autor por cortesía de Karl Ash, archivista en la Biblioteca Presidencial de McKinley, de su colección de la correspondencia de McKinley de 1898. La carta no tiene fecha, excepto como "martes". Se refiere a Proctor de no haber vista a McKinley por un tiempo. La visita de Proctor a McKinley el lunes, 21 de marzo 1898, está documentada en el diario de Cortelyou. La carta parece haber sido escrita el martes 29 de marzo de 1898.

de exponer los hechos pone el asunto en manos del
Congreso, afirmando seriamente que cualquier acción
que se tome será puesta en ejecución con todos los
poderes a sus órdenes? Tal declaración podría hacer
bien en este momento, se fortalecerá y ayudará a unir
y mantener unidas todas las partes. Quiero ver a
usted que encabeze las columnas y eso es sumamente
importante. Eso sobrepasa los fuertes puntos jurídicos
contra el reconocimiento del actual régimen cubano.
Hay algunos y me temo que muchos, que dicen que
es demasiado tarde para tirar alguna nube en el título
para el reconocimiento; que esta organización sostiene
lo que por Gómez ha luchado y Martí y Maceo falló
(,) ha sido reconocida por el Dios de las batallas y en
los corazones de la gente.

La preocupación de McKinley sobre la armonía pública rayaba
en la obsesión. Proctor llamó la atención en su carta:

Se da grandes posibilidades para la charla y temo la
apertura de las compuertas y una división de sentimiento.

Sin pausa, Proctor ofreció una solución ingeniosa:

Si usted no dice nada sobre el reconocimiento o
intervención, simplemente decir que la soberanía
española debe cesar (posiblemente que el pueblo
cubano sea libre)[266] y dejar los procedimientos
para el Congreso cualquier diferencia de estos no
va a afectar a usted o su control de la situación. A

---

[266] Originalmente la "soberanía española debe terminar y el pueblo cubano
ser libre", Proctor agregó paréntesis y la frase, "posiblemente eso."

muchos no les gusta la palabra "intervención" y creo que puede causar demora. Las objeciones legales al reconocimiento se entienden bien y, sin duda, será plenamente afirmado en el Congreso, porque hay menos oportunidad para que usted pueda hablar de ello. Casi todo el mundo sabe con que está a favor. Ahora no importa la mitad que si intervenimos o reconocemos[267] su independencia, como lo que Ud. diga dará a el Congreso y el pueblo oportunidades para tener diferencias o alejarse de Ud.

Continuando a asesorar, Proctor mezcló consejos con predicción:

Cualquiera que sea la expresión utilizada el resultado será el mismo. España se va a retirar o será empujada, fuera de la isla y el pueblo cubano reconocerá el Gobierno que ha llevado hasta ahora, y hasta que decidan formar otro. Podría decir mucho más, pero me ahorraré los detalles. Si usted no me da crédito por ser un juez justo de lo que le conviene al "pueblo llano", que está siempre correcto, está en la línea de los anteriores el lugar de favorecer la intervención o reconocimiento -- Darnos un poco de *buncombe* (palabrería).[268] Es admisible en tal ocasión. Deme crédito con un profundo interés personal en Ud. y

---

[267] Originalmente, "reconoce la independencia", Proctor por primera vez insertó por encima estas dos palabras "que", luego tachó "que" y allí metió "su".

[268] "Buncombe" es una palabra que tiene raíces en el Congreso. En 1845 un congresista del condado de Buncombe Carolina de Norte "defendió un discurso irrelevante, alegando que estaba hablando a Buncombe". Entrada del diccionario Merriam-Webster de "buncombe".

todo lo concerniente a usted como mi excusa para
esta carta.[269]

En la Casa Blanca, el balance pasó de la paz a la guerra el
jueves 31 de marzo. El sordo viejo Alvey Adee, un sirviente de toda
la vida del Departamento de Estado, estaba estacionado en una
línea de telégrafo recién instalada en la Casa Blanca. Más tarde
esa noche, él hojeó su copia del libro cifrado del Departamento
de Estado para traducir el largo cable codificado de Woodford.
McKinley se sacudió cualquier persistente sensación de impulso
hacia la paz. España no había aceptado la idea de un armisticio.
Tampoco serviría McKinley como árbitro. El cese unilateral de las
hostilidades no era noticias. Los españoles no dispararían a menos
alguien hiciera fuego contra ellos, pero los insurgentes todavía
iban a pelear. La guerra civil no iba a terminar. Los reconcentrados
seguirán muriendo. Al comenzar abril, McKinley y Day se dieron
cuenta de que habían quedado sin tiempo.[270] Day fue el primero
en confiar sus cambiantes sentimientos. El Subsecretario de la
Marina Theodore Roosevelt fue el destinatario del comentario
de Day. Roosevelt escribió a un amigo, el 5 de abril que Day, que
Roosevelt pensaba era un defensor de la paz bajo casi cualquier

---

[269]   Biblioteca presidencial de McKinley, Canton, Ohio, cortesía de Archivero
        Karl Ash.
[270]   John Offner identificó el 1 de abril de 1898 como la fecha en que la
        administración de McKinley decidió intervenir militarmente en Cuba en
        su artículo, "El último intento del presidente McKinley para evitar la guerra
        con España", 94 Historia Ohio 125, básicamente por el evento del recibo de
        McKinley del cablegrama de Woodford en el 31 de marzo. El artículo de
        Offner vuelve a interpretar los primeros diez días del mes de abril, durante
        el cual las negociaciones continuaron a pesar de que los Estados Unidos
        estaban al borde de la guerra. El artículo completo se puede acceder en http
        :/ / publications.ohiohistory.org / ohstemplate.cfm? action = detail & page
        = 0094125.html & St. .. (consultado el 06/01/2008).

condición, "acaba de decirle que él había renunciado y que el Presidente parece tomar una decisión en el mismo sentido".[271]

Pero, ¿qué diría McKinley? McKinley tenía que decir algo a los estadounidenses que lo habían oído hablar acerca de Cuba a través del comunicado de prensa de su Secretario del Estado en la Nochebuena de 1897. McKinley sabía lo que la gente quería escuchar. Sabía cómo habían recibido el discurso de Proctor. En consecuencia, McKinley cambió el mensaje legalista de los precedentes históricos de que había comenzado a planificar el día 16 de marzo, la noche antes que Proctor habló. En esa noche "muy interesado en las comunicaciones relativas a la situación cubana",[272] McKinley había pedido Cortelyou "para determinar ... cuando Texas fue reconocida por este país -- cuando los Estados Unidos reconocieron la independencia de Texas".[273] Cortelyou entiendió que McKinley pensó que el proceso de reconocimiento de Texas tendría una función muy decisivo en responder a las preguntas actuales.[274] El mensaje final de McKinley al Congreso trató de Texas sólo rudimentariamente.[275]

En lugar de Texas McKinley enumeró cuatro razones para intervenir en Cuba, es decir,

(1) por el bien de la humanidad y para terminar la devastación de Cuba,

(2) para proteger a los ciudadanos estadounidenses y los derechos en la isla,

---

[271] McLean, 38, n. 21, que citó Bishop, I, 90.
[272] Cortelyou, LC, 16 de marzo de 1898.
[273] Id.
[274] Id.
[275] El mensaje de McKinley llevó una narración del combate judicial que precedió al reconocimiento de Texas y de la decisión del presidente Grant a no reconocer los revolucionarios cubanos durante su administración.

(3) para terminar los peligros tanto para el comercio de Cuba y América, y

(4) para garantizar los derechos estratégicos de EEUU en el hemisferio.[276]

El *Maine* no hizo la lista de McKinley, excepto indirectamente bajo su segundo artículo.

El Senador Henry Cabot Lodge, Sr., recordó que el mensaje del Presidente al Congreso el 1 de abril,[277] unas 7,000 palabras leídas en voz alta por un empleado, fue "escuchado con gran interés y en profundo silencio, sólo roto por una ola de aplausos cuando la sentencia fue leída que dijo: "en nombre de la humanidad, en nombre de la civilización, en nombre de los intereses estadounidenses en peligro que nos dan el derecho y el deber de hablar y de actuar, la guerra de Cuba debe cesar".[278] Miembros de la Cámara aplaudieron "sólo brevemente y de manera superficial".[279] Lodge dijo:

> El Presidente llevó la declaración con un examen desapasionado de la cuestión cubana, y de una indicación fuerte y emotiva de las condiciones en la isla, que se caracteriza por ser un desierto, y una tumba. Él le pidió al Congreso que lo faculte para terminar las hostilidades en Cuba, y para asegurar el establecimiento de un gobierno estable, capaz de mantener el orden y la observación de sus obligaciones internacionales.[280]

---

[276] H. Wayne Morgan, El camino de Norteamérica al Imperio, la guerra con España y la expansión extranjera (Nueva York: Wiley, 1965), 62.

[277] Gould, 84. El mensaje del Presidente fue leído en voz alta por un empleado.

[278] Lodge, 35.

[279] Offner, 182, citando al *Washington Post* y la revista del secretario Long.

[280] Id.

McKinley deseaba asegurar "un cese total y definitivo de las hostilidades entre el Gobierno de España y el pueblo de Cuba" y "un gobierno estable capaz de mantener el orden y la observación de sus obligaciones internacionales". Claramente, los insurrectos no eran ese gobierno.

Aunque una mayoría en ambas cámaras probablemente habría votado rápidamente por el reconocimiento, ni Proctor en marzo ni el Presidente en abril lo sugirieron, ni un ultimátum o una fecha límite para España para terminar las hostilidades y atender adecuadamente a los reconcentrados por un tiempo determinado, bajo pena de intervención militar, a pesar de que McKinley había estado emitiendo fechas límite a Woodford para comunicarse en Madrid.

En su mensaje del 11 de abril McKinley ordenó al Departamento del Estado mandar a la prensa las correspondencias consulares cubanas.[281] Por lo tanto, cuando los editores recibieron el discurso de McKinley también recibieron los más horripilantes y gráficos hechos sobre el sufrimiento de los reconcentrados. Selecciones de las correspondencias consulares cubanas, 60,000 palabras de testigos de cinco Cónsules Norteamericanos previamente no publicadas, fueron impresas en columnas titulares junto el mensaje del Presidente de 11 de abril.[282] Sobre el nombre de McKinley, la producción total de Washington el 11 de abril fue una variación de los temas de Proctor y de su evidencia del sufrimiento humano. Offner destacó la importancia de estos "grandes extractos de los informes, lo que contribuyó a la insistencia pública que España deje Cuba".[283] Superando a Proctor, los informes consulares efectivamente cubrieron Cuba

---

[281] Offner, 183.

[282] Por ejemplo, el Chicago Tribune, el 12 de abril de 1898, 9, publicó casi una página completa de la correspondencia consular, incluyendo un gran resumen impreso en borde negro de los puntos extraídos en tipo grueso.

[283] Id.

durante un período más largo. Los Cónsules en La Habana (Lee), Matanzas (Brice), Cienfuegos (McGarr), Santiago (Hyatt) y Sagua la Grande (Barker) habían enviado en total unas 60,000 palabras a Washington conmemorando la difícil situación de los civiles cubanos.[284] La Prensa caracterizó a los Cónsules como "periodistas imparciales"[285] cuyos informes cada estaunidense estaba obligado a leer.[286] Irónicamente, los informes inflamatorios se habían reunido, redactado y copiado mucho antes de que el *Maine* había detonado.[287] Pero porque McKinley los ocultó, el público para el discurso de Proctor no estaba cansado.

McKinley quijotescamente recomendó al Congreso "en el interés de la humanidad y para ayudar en la preservación de la vida de las personas que mueren de hambre en la isla ... que la distribución de alimentos y suministros continuara y que la apropiación se hiciera fuera de la Hacienda Pública como complemento a la caridad de nuestros ciudadanos".[288] Pero McKinley era el último defensor de la caridad. La ayuda de la Cruz Roja no pudo mantenerse después del informe y proyección de Proctor. En dos semanas, el 25 de abril de 1898, el Congreso declaró la guerra a España.

---

[284] *New York Times*, 12 de abril de 1898, 6.
[285] *Chicago Tribune*, 12 de abril de 1898, 9.
[286] *New York Times*, 12 de abril de 1898, 8.
[287] Id., 6.
[288] Irónicamente, un estudioso encontró en esto el lado oscuro de McKinley. John Dobson, <u>Expansionismo reticente, la política exterior de William McKinley</u>, (Pittsburgh: Editorial universitaria Duquesne, 1988), 63, sugiere que de su lectura de la revista de Dawes que McKinley no era idealista, sino, más bien, él solicitó una asignación especial para el alivio de Cuba con la intención de enviar alimentos con o sin la aprobación de los españoles. Entonces, si la guerra venía, vendría de la interferencia de España con la misión de ayuda humanitaria. Desde su aparición en Dobson, esta teoría no ha ganado el apoyo de nadie más.

Aunque McKinley copió el tema de Proctor sin emoción en la agenda vaga para la acción, y en detalle factual a través de la correspondencia consular de Cuba simultáneamente descargada, nadie parece haberse dado cuenta del eco retórico. Esto es especialmente sorprendente dado su último párrafo. Incluso si uno no supiera que McKinley seguía las líneas literalmente recomendadas por Proctor, el parecido con la conclusión de Proctor era difícil que alguien lo pierda. McKinley concluyó: "La cuestión está ahora en el Congreso. Es una responsabilidad solemne. He agotado todos los esfuerzos para aliviar la situación intolerable de los asuntos que están en nuestras puertas. Preparado para ejecutar cualquier obligación impuesta a mí por la Constitución y la ley, espero su acción".

El Presidente fue decepcionado por la mitad del Congreso, pero crecientes bases de apoyo salvaron la estatura política de McKinley. Hablando de McKinley en el mensaje el 11 de abril, Gould resumió que ambos la prensa y el correo de la Casa Blanca mostraron "un apoyo de base amplia por lo que McKinley había hecho".[289] El Congreso y al menos algunos periódicos fueron inicialmente contrarios. Bajo el título, "Un Congreso enojado", el *New York Times* resumió el mensaje de McKinley con exactitud, pero mordazmente:

> El Presidente presentó ayer su mensaje de Cuba en el Congreso. No declara por la independencia cubana ni divulga que en las negociaciones con España, este país no ha exigido que Cuba se libere del dominio español. No insta la intervención armada inmediata en nombre de los cubanos. Se dice que la guerra en Cuba debe ser llevada a su fin y pide la autoridad del Congreso para

[289] Gould, 86.

que el presidente utilice el ejército y la marina con el
fin de establecer un gobierno estable en Cuba capaz de
mantener el orden y la observación de sus obligaciones
internacionales. Asimismo, pide que se haga un
apropriación para continuar con el trabajo de cuidar a
las personas que se mueren de hambre en Cuba.[290]

La estructura duradera de Proctor protegió a McKinley de
toda crítica generalizada. Tanto Dawes y Cortelyou, desde sus
respectivos puntos de vista, discernieron alivio. Mientras los
Congresistas se quejaron, Dawes fue con su familia a asistir al
"egg rolling" anual en los jardines de la Casa Blanca.[291] Una gran
multitud estaba presente. El presidente parecía mejor, y aliviado
de que su mensaje había sido recibido".[292] Cuando el concienzudo
Cortelyou analizó las cartas recibidas por McKinley después del
11 de abril, no encontró "muchas de tipo critico".[293]

La piedra que desecharon los arquitectos era la piedra angular
de una nueva determinación nacional. Gould resumió que el
mensaje de McKinley "tuvo éxito en el establecimiento de los
términos del debate por el cual el Congreso llevó a la nación a
la guerra".[294] Esto fue sólo una verdad a medias; McKinley tuvo
éxito porque el 11 de abril el reiteró lo de su precursor del 17
de marzo. Fue Proctor que impresionó al país de una situación
cubana que era esencialmente simple y básicamente moral. Las
cuestiones políticas, económicas o militares eran secundarios,
incluso insignificante, como dijo Proctor. Después de Proctor,

---

[290]   *New York Times*, 12 de abril de 1898, 1.
[291]   Senador Lodge escribió a un amigo el 15 de abril de 1898, "el Congreso ...
        se ha visto obligado a efectuar una regulación política, una tarea que
        nunca debería haber recaído sobre él". Linderman, 188. n. 83.
[292]   Dawes, 153. Entrada el 11 de abril de 1898.
[293]   Gould, 86.
[294]   Id.

ni el reconocimiento de los insurgentes ni la anexión de Cuba estaba en la mente de la mayoría de los estadounidenses. En cambio, los sentimientos humanitarios movieron los corazones de los estadounidenses. Es notable a este respecto que las galerías llenas el 11 de abril aplaudieron sólo una línea del mensaje de McKinley - que "la guerra en Cuba debe cesar".[295] En el día del mensaje de McKinley, el Comité de Ayuda Cubana Central recibió $3.500 en contribuciones. En ese momento un millar de toneladas de alimentos y suministros en Nueva York, con más trenes de carga en el camino,[296] fueron destinados a Cuba.

Tal como era previsible, McKinley seguía siendo un fanático de la Cruz Roja. Pero, en realidad, el alivio de caridad fue probablemente el resultado final originalmente del "mensaje de guerra" de McKinley, lo que significa que en su primera versión no era ningún mensaje de guerra en absoluto. El asunto no está libre de dudas porque la evidencia es escasa. Es decir, los sucesivos borradores del "mensaje de guerra" no sobrevivieron. El diario de Cortelyou es el único vestigio de la escritura y reescritura de McKinley. Cortelyou documentó una decisión editorial que McKinley hizo. El 9 de abril de 1898, i.e., después de la carta de consejo de Proctor, Cortelyou informó en su diario lo que él llamó el único cambio McKinley hizo en su proyecto original, del 28 de marzo. Se trataba de "unas pocas palabras para mejorar sus características históricas y *la adición de un párrafo final dejando la cuestión en manos del Congreso*"[297] (énfasis añadido).

Traduciendo lo que Cortelyou llama las "características históricas" es fácil. McKinley tuvo que completar la historia que había seguido. McKinley actualizó al Congreso sobre las medidas adoptadas por el Gobierno español después del 28 de marzo,

---

[295] *New York Times*, 12 de abril de 1898, 3.
[296] Id.
[297] Cortelyou, LC, 9 de abril de 1898.

incluyendo su proclamación de un armisticio unilateral. Mucho más difícil de interpretar es el tipo de otra modificación. Es decir, el diario de Cortelyou implicaba claramente que el último párrafo "dejando la cuestión en manos del Congreso" se insertó en el nuevo final del mensaje de McKinley. ¿Cuál había sido su última palabra al Congreso? La solicitud de fondos para alimentar a los reconcentrados hambrientos fue oscurecida por una nueva invitación. Lo que había sido una llamada de apoyo de alimentos para la paz con fondos federales, se convirtió en una licencia para el Congreso a hacer lo que cree mejor. El mensaje original de McKinley había destacado la comida para el plan de paz que había iniciado el 24 de diciembre de 1897. El Congreso ignoró la petición enterrada de McKinley para los fondos para ese proyecto en curso y únicamente tomó posesión de su nuevo párrafo final abierto para declarar la guerra.[298]

El acercamiento final del país a la guerra a principios de 1898 constaba de tres actos. El movimiento al punto de no retorno comenzó cuando Proctor habló el 17 de marzo, lo que generó la unidad nacional a favor de la intervención militar. A las dos semanas llegó al clímax. El punto culminante fue la decisión de McKinley a aceptar el consejo de Proctor de invitar al Congreso a decidir la guerra y la paz. Como consecuencia directa, su petición de más fondos de su plan de paz de la Cruz Roja se convirtió en nominal. Con su viejo plan de paz reducido al penúltimo párrafo de su mensaje, no fue considerado entonces ni posteriormente por el Congreso o por los historiadores. El desenlace siguió sin problemas

---

[298] Tone, 243-245. La secuencia posterior del 11 de abril se inició con una resolución conjunta del 19 de abril para España salir de Cuba, firmada por el Presidente el 20 de abril de ese mismo día que él envió un ultimátum a España para retirarse de Cuba o enfrentar la intervención militar estadounidense. El 25 de abril McKinley pidió que el Congreso declarara la guerra, que lo hizo, con efecto retroactivo a partir del 21 de abril para legitimar el bloqueo naval estadounidense de Cuba (22 de abril).

hasta que 10,000 personas se reunieron en el Capitolio, llenando las galerías de ambas cámaras del Congreso y las calles, el 11 de abril. El mensaje revisado de McKinley hizo eco de los temas de Proctor con prioridad a la causa de la humanidad, y McKinley liberó las correspondencias consulares cubanas y un movimiento popular surgió para atraer la atención de un Congreso abierto a sugerencias.

La controversia sobre el rol de Proctor está apenas terminado. Recientemente, el historiador cuyas investigaciones reivindica a Proctor más de el trabajo de cualquier otro estudioso, John Lawrence Tone, en su "Guerra y Genocidio en Cuba, 1895-1898", canceló a Proctor. Tone escribió que "el informe de Proctor ayudó a proporcionar un impulso sólido para los Estados Unidos para declarar la guerra, pero está basado en nada sólido".[299] Las conclusiones de Tone, sin embargo, reflejan las conclusiones de Proctor. Tone evaluó la mayor parte de la evidencia que es "abrumado que la insurgencia cubana se encontraba en una condición casi terminal en 1897 y no tenía ninguna posibilidad de victoria sin ayuda externa".[300] Proctor había declarado el estado

---

[299] John Lawrence Tone, Guerra y genocidio en Cuba, 1895-1898 (Chapel Hill: Editorial universitaria de Carolina del Norte, 2006), 210.

[300] Id., xii. Tone reconoció que los académicos cubanos han mantenido uniformemente que el éxito de los insurgentes era inevitable. (Pérez cita en este punto a Ibarra, Ideología mambisa, Botifoll, Forjadores de la conciencia nacional cubana, Opatrn'y, Antecedentes históricos, Bosch, De Cristóbal Colón a Fidel Castro. Opinión pública estadounidense en 1898 refleja la opinión de Cuba. "El estado de la campaña de Cuba en 1898... que la causa cubana se había estancado si no era del todo inútil (era) exactamente lo contrario de las opiniones que habían prevalecido durante los primeros meses de 1898". Id., 52, que citó Chambers, Freidel, Karp , Lens, Campbell, Thomas, Brinkley y Collin en la desesperanza de la causa cubana. El historiador Foster Rhea Dulles consideraba que "ninguna de las partes podía prevalecer", al igual que otros de la persuasión de estancamiento, Shaw y Morgan. "Brilla por su ausencia en la mayoría de las cuentas de 1898 que fue la posibilidad de intervención de los EE.UU. una respuesta a la inminencia de un triunfo cubano". Id., 79.)

de la guerra civil como uno de estancamiento. Como Proctor, quien encontró en los campos de concentración de Cuba un nuevo terror para la humanidad a tratar, Tone caracterizó la viciosa guerra civil cubana como "la guerra en que se inventó el campo de concentración".[301] De esta manera, Tone tardíamente demostró el caso de Proctor. Proctor era a la vez un testigo y un hechos-recolector astuto que balanceó compasión por el sufrimiento de los civiles cubanos contra antipatía a los harapientos rebeldes que ocupaban las zonas rurales, pero que nunca se habían tomado ninguna de las ciudades costeras de Cuba. Es decir, Proctor vio o, peor, intuyó lo qué Tone después estableció en archivos, un estancamiento militar. La investigación de Tone refuerza la validez de los temas de Proctor. A pesar que Tone desestimó al mensajero contemporáneo del genocidio cubano, Redfield Proctor, como uno "jingo" más,[302] Proctor dijo la verdad demostrable.

Proctor dio forma a la cuestión cubana como una cuestión moral apremiante. Proctor fue Pedro el Ermitaño detrás de cruzados despertados, cruzados que más tarde fueron representados por su bien informado contemporáneo, Lyman Abbott. La reciente revisión de fuentes primarias por el profesor McCartney creditó el inminente acercamiento de guerra al discurso de Proctor. Después de Proctor, al menos sin una petición por parte de McKinley para soportar la Cruz Roja en Cuba con un plan de rescate del Tesoro, el alivio cubano había muerto. El Congreso quedó influenciado directamente por una Norteamérica excitada por Proctor. El Congreso declaró la guerra a España dos semanas después del mensaje Proctor-mímica de McKinley, Proctor-modificado el 11 de abril, y la liberación simultánea de las correspondencias consulares cubanas.

---

[301] Id., xiii.

[302] Id., 243. Tone enumera a Proctor con otras cuatro personas como "el poderoso partido de los patrioteros ("jingoes") ... que habían estado presionando para la guerra durante años".

Capítulo 9

CONECTANDO LOS PUNTOS

CUALQUIERA CONSIDERACIÓN SOBRE EL ROL de Proctor en el inicio de la Guerra de 1898 debe tener en cuenta tanto su discurso en el Senado y su consejo al Presidente McKinley. Su discurso discreto y su asesoramiento confidencial *conjunto* formaron las prioridades estadounidenses no sólo en Washington sino en el país entero. A través de su discurso y su consejo, la cuestión cubana se convirtió en primer lugar a una cuestión moral y urgente, y con la Cruz Roja inadecuada para responder día a día a las necesidades no satisfechas, la intervención militar parecía razonablemente ser una necesidad humanitaria. El día en que entregó su informe, Proctor fue visto en la luz de uno que sirve al hombre y Dios. Personas conectaron los puntos para poner los marineros y soldados en marcha.

La documentación contemporánea de este punto es una nota superviviente que el Senador Chandler escribió a Proctor en el momento:

> Si Ud. alguna vez sirve a Dios y Hombre aceptablemente (,) Ud. así lo hizo cuando se fue a Cuba y volvió y entregó su testimonio en el Senado abierto. Ahora (,) por favor vea que nuestro Comité del Senado proponga algo. Usted sabe que el Presidente no recomendará la acción afirmativa de cualquier valor. $500.000! Ay (,) Ay.

Debemos intervenir y enviar socorro con nuestros
marineros y soldados como si rescatáramos un
asediado ejército de 400.000 hombres...[303]

Irónicamente, instigando guerras o derrocar imperios
coloniales no era un papel que Proctor buscó. Nunca se despertó
en la mañana deseando ser un rebelde. Era un hombre tan
conservador como cualquier republicano podría ser, desde un
estado no conocido por emociones efusivas o demostrativas. Así
las cosas, Proctor no hizo ningún discurso encendido y el impacto
de su informe puede haberle sorprendido por su intensidad. Como
se ha demostrado, Proctor fue a Cuba a causa de un constituyente
y corresponsal persistente, el diplomático retirado Paul Brooks
de Rutland, Vermont. Era poco probable que Proctor haya
buscado lo que vio--vio lo que vio en Cuba por Clara Barton,
la presidente de la Cruz Roja Norteamericana, que sólo por
la invitación espontánea de Barton y en su compañía Proctor
vio los reconcentrados viviendo, y muriendo, en los primeros
"campos de concentración" del mundo. Este horror Proctor, por
todo su conservadurismo, no podía guardárselo para sí mismo.
Como Proctor regresó a Washington, esbozó notas originalmente
concebidas como un comunicado de prensa. El Subsecretario
de Estado William Rufus Day inescrutable sugirió que Proctor,
tímido de audiencias, compusiera un discurso para el senado.
Luego, por razones obvias, el senador pro-intervencionista
William Frye de Maine, informado del reporte, inmediatamente

---

[303]   Carta del W.E. Chandler a Redfield Proctor, de 28 de marzo de 1898. Se
         encuentra en los papeles del Senado, escrita a mano en la parte superior
         "Privado". Redfield Proctor colección de recortes, Sociedad Historica de
         Vermont, Barre, Vermont, cortesía de la asistente bibliotecaria Marjorie
         Strong.

guió a Proctor a hablar sin demora, utilizando sólo y exactamente sus notas escritas a mano simples pero gráficas.

En una improvisada procesión, Brooks, Barton, Day y Frye condujeron a Proctor a dirigirse al Senado sobre Cuba el 17 de marzo de 1898. Por supuesto, se dirigió no sólo a sus compañeros senadores, pero al país. Señores de la prensa escribieron notas a toda prisa cuando Proctor habló. Querían algo sobre Cuba y Proctor lo proporcionó. En ese momento del ostentoso silencio diplomático de McKinley y la espera dolorosa del país por un informe de la Marina en el *Maine*, editores empujaron por copia sobre Cuba. Por lo tanto, el informe de Proctor era un regalo del cielo. Periodistas en las galerías hambrientos por noticias de Cuba aseguraron la más inmediata y la más amplia distribución de prima página posible de lo que Chandler acertadamente llamó el "testimonio" de Proctor.

Trask dijo que la situación de Cuba a principios de 1898 ", una justificación en toda regla de una intervención basada en "puro humanitarismo",[304] pero a la razón le faltaba mensajero objetivo. Los periódicos con relatos estridentes, exagerados y provechosos eran demasiados y demasiado bueno para ser verdad. La gente quería a alguien de confianza y no asociadas con la Junta o de la prensa a aparecer y decirles acerca de Cuba. Para el papel del mensajero cubano, el alto y barbudo Yankee que se parecía a Lincoln y actuó independiente como un profeta bíblico, regresó como uno del desierto dispuesto a jurar que la Cruz Roja en su forma más eficiente no podía salvar a Cuba. Esa fue la noticia que trajo, que era la historia que la prensa publicó. La solución pacífica no era viable. ¿Qué, pues? Para preservar su papel como testigo objetivo, un mensajero sólo puede informar y Proctor fue sólo el mensajero. Proctor dejó a las personas para efectuar la deducción

---

[304] Trask, 36.

lógica de que la acción militar podría salvar las mismas personas a las que la Cruz Roja no pudo. Trask, notando que Proctor "no hizo ninguna recomendación", añadió que "su discurso sin duda influyó en muchos moderados a adoptar una visión más belicosa--y eran sólo aquellas personas que hasta entonces habían seguido el ejemplo del presidente en el apoyo a los esfuerzos para encontrar una solución pacífica".[305]

La intervención armada pasó de ser posible a ser el único medio práctico de rescate de los enfermos desesperados en la cercana isla de Cuba. Proctor significó el final de los actividades de socorro de la Cruz Roja, aprobadas oficialmente por McKinley.

Accionado por el discurso de Proctor sobre Cuba, el esfuerzo para rescatar a los cubanos hizo mucho más, terminó el imperio español y convirtió a los Estados Unidos en una potencia mundial. Pero esa es otra historia. Este libro es la historia de cómo los Estados Unidos llegó a portar armas en 1898 y luchar contra España. La premisa de esta tesis queda que la omisión u oscuridad de Proctor de contar la historia de los orígenes de la guerra de 1898 es históricamente incorrecta. Proctor habló y el país escuchó. Enmarcando las causas de la guerra como el sueño de un expansionista es la racionalización ingenua del origen retroactivamente a partir del resultado. Es anacronismo. El sermón idealista de Proctor, que se leyó literalmente como un sermón por el evangelista emblemático Dwight Moody, una vez habló y movió el corazón de Norteamerica. La intensidad incomparable de su influencia, ampliamente reconocida en su momento, merece un reconocimiento a continuación. Charles G. Dawes, después el vicepresidente de los Estados Unidos, escribió en su diario de 1898 después que otro senador (Thurston) habló, "El discurso de Thurston sobre Cuba... fue dramático, pero no tendrá el efecto

---

[305] Id.

sobre el país como el discurso del Senador Proctor".[306] Ni la prensa amarilla incendiaria ni los encendidos discursos hacían la guerra. Un caballero de Beacon Hill, Edwin D. Mead, ofreció de forma independiente la misma comparación como Dawes. El bostoniano escribió al Secretario de Marina John Long[307] que "el discurso del senador Proctor movió a todos profundamente--el discurso de un hombre que no ama a la guerra pero ama la paz, la verdad, y el deber más de la paz",[308] mientras que "Thurston[309] y los melodramas de Gallinger no tienen efecto aquí".[310]

---

[306] Dawes, 148. Entrada para el 25 de marzo de 1898. El esfuerzo de Thurston fue espectacular. Según Russell, 448, Thurston describe escenas terribles que había visto en Cuba, declaró por la intervención y, acercamiento "el final de su discurso se rompió bajo el entusiasmo, simpatía y pena, y cuando se sentó inclinó la cabeza sobre la mesa y lloró, y las galerías estallaron en aplausos que, por primera vez el Senado de los Estados Unidos se lo permitió de seguir sin control".

[307] John Long, el ex gobernador de Massachusetts, se desempeñó como Secretario de la Marina de McKinley, supervisando Theodore Roosevelt. Sus documentos están mayormente en la Sociedad Histórica de Massachusetts. Se publicaron sus memorias. Gardner Weld Allen, ed, Documentos de John Davis Long, 1897-1904 (Boston: Sociedad Histórica de Massachusetts 1939).

[308] Id.

[309] El Senador Thurston (Nebraska), junto con el senador Gallinger (New Hampshire), y representantes Commings (Nueva York) y W.A. Smith (Michigan) habían aceptado la transportación a La Habana en el yate "Anita", propiedad del *NewYork Journal*.. Llegaron después de Proctor y se quedaron un tiempo más corto, no haciendo grandes viajes fuera de La Habana. Antes de sus discursos, el grupo había escrito artículos publicados por el *Journal* a partir del 13 de marzo de 1898, con la carta abierta de la señora Thurston a "las madres de Norteamérica." (La Sra. Thurston murió durante el viaje.) Wilkerson, n. 30, 110.

[310] Gardner Weld Allen, ed, Documentos de John Davis Long, 1897-1904, (Boston: Sociedad Histórica de Massachusetts, 1939)., 80. Carta de fecha 31 de marzo de 1898.

Aceptando implícitamente la guerra como necesaria, Proctor no dejó ninguna duda acerca de la probabilidad de éxito. El conocimiento militar de Proctor lo separó de los otros oradores en el Congreso. La gente y editores consideraron que Proctor habría advertido a los Estados Unidos mantenerse lejos de guerra si hubiera tenido alguna preocupación de que, superados en número de voluntarios, o enfrentando a una flota más grande habría sido una locura peligrosa. Pensaban que Proctor sabía aún cuánto tiempo duraría la guerra. La prensa insistió por sus predicciones. A un editor de Vermont el 27 de abril de 1898, Proctor respondió: "Yo no soy profeta, ni hijo de profeta, y no me gusta expresar una opinión sobre la duración de la guerra". Luego confesó, y no para su publicación en el tiempo, que "nuestra cercanía a la escena de las hostilidades y la distancia de España, y nuestra gran superioridad de recursos y de hombres, debe darnos una victoria fácil si la dirigimos bien".[311] Su discurso del 17 de marzo es, obviamente, no mal entendido de sugerir el mismo punto por implicación.

Como leal amigo y aliado político fiable de McKinley, como un amigo aficionado a Clara Barton, Proctor probablemente lamentó no sólo que el plan de la Cruz Roja no salvaría los reconcentrados sino que también se convirtió en su deber moral de anunciar y atestiguar personalmente la deducción desagradable. Al final de su discurso, con la promesa al país que McKinley proporcionaría una solución, implicó una *nueva* solución. Así fue que Proctor, de todas las personas, una persona enterada y frecuentemente acomodada por McKinley en materia de patronaje, cómodo y cerca del Presidente, dirigió la atención al silencio del Presidente. El discurso del 17 de marzo de Proctor no le congració con McKinley. Él puso la pelota de lleno en la cancha de McKinley. Hay que suponer que Proctor, no novato en la política, lo sabía.

---

[311] PFPL, Caja 8, carpeta 38, 357. El periódico fue el Burlington <u>Free Press.</u>

La preocupación de Proctor sobre los reconcentrados, ya que fue intensamente urgido por el bien de la humanidad que sufre, y recién retornado de su gira por Cuba, superó toda la política. Él entendió el riesgo de alienar al presidente, pero él lo tomó.

Un rápido retiro de medio paso en un par de semanas no ayudó a sus relaciones con McKinley. Proctor había dicho, y no podía desdecirse, que McKinley prescribiría una solución. Pero en la Casa Blanca poco después de su discurso, debe haber adivinado que la reticencia de McKinley para emitir cualquier prescripción era intransigente. En consecuencia, Proctor se reunió con él y por carta de seguimiento sugirió que McKinley expresamente y públicamente tomara la posición de que todo estaba en manos del Congreso. Este fue el consejo irónico del heraldo de la prescripción de McKinley. Sin embargo, en su carta confidencial del 29 de marzo, Proctor dijo a McKinley, "Si no dice nada sobre el reconocimiento o intervención, simplemente diga que la soberanía española debe cesar (posiblemente que el pueblo cubano sea libre) y deje los métodos para el Congreso; alguna diferencia de estos no afectará Ud. o su control de la situación".

Ese medio paso atrás desde el borde de la prescripción era demasiado poco y demasiado tarde.

Proctor habló reservadamente, y sólo una década más tarde, del argumento que siguió entre McKinley y él mismo. Proctor por generalidad suave al principio insistió en una entrevista calmada en 1908 que sus relaciones nunca cambiaron. Puede que sea así, si sólo se quiere decir que Proctor siguió a ver y a decir lo que pensó al Presidente y vice-versa. Sin embargo, la receptividad y el contenido o el alcance de sus puntos de vista superpuestos ciertamente cambiaron. Los amigos cercanos ya no estaban tan cerca. McKinley se sintió ofendido con la coordinación de Proctor. McKinley se enfureció porque Proctor habló antes de lo que Proctor había dado a entender. Los matices de la amistad, las atenciones extraordinarias mostradas, desaparecieron. Proctor había sido uno

de los confidentes más cercanos del Presidente McKinley, no sólo
con un palco privado en el día de la inauguración, sino también
con acceso constante y fácil a la Casa Blanca. McKinley había
estado literalmente en la casa de Proctor. Por un día en los días
de McKinley, el 12 de agosto de 1897, la mansión de Proctor
en Proctor, Vermont, había sido la Casa Blanca de verano.[312]
Los puntos de patrocinio de Proctor hasta la primavera de 1898,
una larga lista encabezada por el Almirante Dewey y Theodore
Roosevelt, fue segundo como ningún otro político. El vecino de
McKinley y el Secretario Adjunto del Estado Day, cabe recordar,
en la carta al Cónsul Lee, sin ningún error introdujo a Proctor
como "uno de los amigos más cercanos del Presidente".[313]

 Esto cambió. Aunque nunca estuvo en una "lista de enemigos",
como la guerra de 1898 vino y se fue, Proctor encontró puertas
abiertas anteriormente ahora cerradas. Linderman hizo la crónica
del descenso. Proctor necesitó la apelación del Secretario de
Guerra Alger para ser parte de la fiesta de bienvenida en la casa
presidencial a las tropas en septiembre de 1898. Peticiones de
patronaje se deterioraron en movimientos inútiles y quejidos. Por
noviembre y diciembre de 1898, documentos de Proctor contienen
disculpas a personas buscando cargos, negando el poder de obtener
nada. El hombre a quien el país una vez se imaginó de hablar en
nombre del Presidente ya ni siquiera tenía el oído del Presidente.

 A principios de febrero de 1899, Proctor escribió a su fiel
amigo, el Secretario de Guerra Alger que pudiera intervenir y

---

[312] McKinley hizo una breve discurso de "valores familiares" desde el porche
de Proctor. Él le dijo a la multitud que se alegraba de ver no sólo los
hombres y mujeres, sino también "los muchos niños y niñas de Proctor.
Hay en todo esto la sugerencia de la familia, donde la virtud prevalece".
William McKinley, Discursos y alocuciones de William McKinley, A
partir del 1º de marzo de 1897 hasta el 30 de mayo de 1900, (Nueva York:
Doubleday y McClure Cía., 1900).

[313] Linderman, 46.

hacer a McKinley reconsiderar. Proctor escribió con tristeza a
Alger que McKinley no tenía "ningún uso para mis servicios o
comentarios sobre cualquier asunto".[314] El ex-asesor esperaba la
llamada que nunca llegó.

En suma, Proctor, quien no aparece en ninguna parte en
"Perfiles en valentía" de John F. Kennedy, fue valiente al hacer el
discurso que hizo en el momento en que lo hizo. Él debe haber
estado consciente de que su lealtad al sufrimiento perturbaría la
tranquilidad de McKinley. Pero, como picado por un insecto
"Junta" en Cuba, Proctor excedió el "cubanismo" de Paul Brooks.
Proctor escribió a McKinley el 2 de mayo de 1898 justo después
de la noticia de la victoria del Almirante Dewey sobre la flota
española en la bahía de Manila, comenzando con el eufemismo:
"Me siento bien esta mañana". Luego recordó al Presidente de
"los pobres muertos de hambre" en Cuba. Proctor previó que un
expedito desembarco de las fuerzas estadounidenses, conectando
con el General Gómez, ahorraría miles de vidas americanas como
así también cubanas y "limpiar a los españoles de Cuba", para el 1
de julio. En la frustración aparente a la oposición prevista, Proctor
invocó la palabra H. Escuchando de nuevo a su discurso, su carta
de asesoramiento y el eco de su deber humanitario de McKinley,
inyectando una dosis de la intemperancia, Proctor reprendió a
McKinley que "(s)i esta es una guerra por la humanidad, así como
por la libertad de Cuba, este curso se exige".[315]

Por derecho, McKinley debería haber perdonado a Proctor,
quien lo hizo más bien y cuyo corazón compasivo fue sin duda en

---

[314]   Linderman, 53-54. En una entrevista de 1908, Proctor se negó a
reconstruir cualquier período de las relaciones agrias. Cuando el
reportero del *Washington Post* comenzó a preguntar, Proctor interrumpió
su pregunta acerca de sus relaciones con McKinley e insistió en que "se
mantuvo sin cambios hasta el día de su muerte".

[315]   Proctor a McKinley, 2 de mayo de 1898, carpeta 39, 57, PFPL.

el lugar correcto. La reacción uniformemente favorable a Proctor, confundido como portavoz de McKinley, era de oro político. Pudo haber despertado el orgullo de su autor, pero el sermón imperativo moral, lleno de hechos, fue un modelo propio que McKinley pudo y sí copió con seguridad. McKinley recicló temas de Proctor y colocó preocupaciones humanitarias en la parte superior de las cuatro razones para intervenir. Ofreció datos sobre las condiciones en Cuba a través de la correspondencia consular cubana. Se puede argumentar que debido a que él copió Proctor y siguió el consejo de Proctor, McKinley aseguró su base política a nivel nacional, perdido en sus varios meses de silencio. Los relatos contemporáneos de ambos Cortelyou y Dawes lo demuestran. Se trata de una verdad histórica comprobable que al tomar su posición detrás de condiciones garantizadas por Proctor, McKinley recuperó su liderazgo en el país. Sólo McKinley decidió no verlo de esa manera.

El dilema de McKinley es el nuestro. Averiguar el lugar de Proctor en nuestra historia significa averiguar su lugar en nuestras propias vidas. Quizás sorprendentemente, se debe a la atención de cualquier historiador en busca del padre fundador de la intervención militar estadounidense en el extranjero ser presentado a uno nacido en Vermont, poco viajado, un Senador oscuro de habla inglesa, en ese momento el Presidente del Comité de Agricultura y Cultivo Forestal.[316] En el capítulo internacional

---

[316] Es decir, el autor de esta tesis lo sostiene. El más reciente historiador de la intervención humanitaria no incluye ninguna referencia de Proctor. Gary J. Bass, <u>Batalla de la libertad, los orígenes de la intervención humanitaria</u> (Nueva York: Alfred A. Knopf, 2008), escribió un libro sobre la intervención humanitaria en Grecia desde 1820 hasta 1827, en Siria, en 1860, en Bulgaria en 1876, y en Armenia en 1915, para hacer frente a las sugerencias de los medios de comunicación que Kosovo era "la primera guerra puramente humanitaria." <u>Id</u>, 13. McKinley aparece en una sola línea: "En 1898 (McKinley) solicitó al Congreso autorización para ir a la guerra en la 'causa de la humanidad' ". <u>Id</u>., 317.

de la historia de los Estados Unidos en el que aún vivimos, la voluntad de sangrar en la defensa de los ciudadanos de otros países que sufren la opresión, el humanitarismo militante, podría decirse que se remonta a una media hora el 17 de marzo 1898, cuando el Senador Proctor regresó e informó al Senado en voz monótona y con notas sobre su viaje de diez días a Cuba.

Al ofrecer el *Maine* como la causa de la guerra de 1898, los historiadores involuntariamente ocultaron una guerra iniciada para rescatar a los extranjeros de sus opresores en el nombre de la humanidad. Ciertamente, antes de 1898, antes de Proctor, guerras extraterritoriales se libraron en defensa de las vidas y propiedades norteamericanas. Pero excepcionalmente, literal y figurativamente, la guerra de 1898 fue la continuación de un rescate de la Cruz Roja por la vía militar. Es un hecho histórico que ningún liberal, sino un hombre de negocios conservador habló en nombre de los reconcentrados cubanos en el senado de los Estados Unidos y, aunque de manera implícita, se comprometió por su liberación por la fuerza. El certficado acto de valentía de Proctor a un mismo tiempo, aseguró la respetabilidad del humanitarismo militante a las iglesias, a Wall Street, al país en general, y simultáneamente en forma extraña, como un efecto secundario, lo hizo un paria e "intruso" en la Casa Blanca.

A juzgar por una carta privada a partir de agosto de 1898, escrita cuando la guerra llegaba a su fin, los sentimientos humanitarios de Proctor mismos disminuyeron a medida que aumentó su pragmatismo. El Secretario de Guerra Alger le preguntó a Proctor cómo le gustaba "su" guerra. Alger probablemente pensó que la respuesta de Proctor podría ir en cualquier dirección. Después de todo, el resultado de la guerra no fue el rescate de los cubanos muertos de hambre. Proctor fue un profeta con derecho a bendecir o maldecir el momento actual.

Proctor respondió con buen humor y dijo sobre la guerra a Alger que puede "llamarla la mía, si se quiere". Victorias en el mar por el Almirante Dewey de Vermont, a quien Proctor había asistido para el mando de la flota del Pacífico, y las hazañas heroicas de los Rough Riders dirigidos por Theodore Roosevelt, quien Proctor había recomendado para Subsecretario de la Marina, habían amasado nuevos territorios de Estados Unidos para gobernar. Mucho más allá de la meta de los reconcentrados que había abrazado, el veterano y ex-Secretario de Guerra disfrutó vicariamente en su carta. Proctor le dijo a Alger en una frase concisa pero exultante que "los resultados son grandes".

Al principio, la guerra de 1898 fue el discurso de Proctor. Después del discurso, después de la guerra, Proctor se silenció a sí mismo públicamente. Si vió no diferencia entre su llamado para salvar a los reconcentrados y el chubasco del coloso norteamericano recién nacido, optó por no decir nada al respecto. El colega de Proctor, el Senador Lodge, incluyó deliberadamente la foto de Proctor, pero sin texto en su historia de la guerra. Proctor se sentó en el Senado por una década más, como si, literalmente, hubiera perdido la voz.

En consecuencia, sólo el discurso cubano de Proctor, casi exactamente una década cuando murió, fue recordado dolorosamente en su funeral en la Iglesia Congregacional en Rutland, Vermont, en la noche del domingo, 15 de marzo de 1908, cuando varios oradores hablaron sobre diversos aspectos de su vida. R. A. Lawrence, quien habló primero, evocó naturalmente "Redfield Proctor--el Vermonter". Después de Lawrence, sin sorpresa, Thomas W. Moloney, el altavoz de Proctor como Senador, mencionó el discurso de Proctor. Dijo que fue escuchado por el país y que había comenzado una "guerra por la humanidad."[317] El último orador, C.T. Fairfield, abordó "Redfield

---

[317] Recorte, PFPL, s.d., pero al parecer un periódico local, probablemente el *Rutland Daily.*

Proctor--como un filántropo". Después Fairfield relató cómo Proctor dio generosamente a todos los objetivos dignos, y había fundado y financiado muchas de las actividades que mejoran la vida, especialmente en Vermont, Fairfield predijo "un acto que va a vivir lo más largo en la historia será su discurso en nombre de Cuba".[318] La referencia de Fairfield concluyó los discursos conmemorativos. Entonces, la congregación cantó "América", una bendición fue pronunciada y "'Taps' fue tocado por la corneta".[319] Los miembros del Gran Ejército de la República y de los Veteranos Unidos de la Guerra española,[320] la familia de Proctor, amigos, vecinos y empleados de la Compañía de Mármol de Vermont, lentamente marcharon fuera de la iglesia en el aire de la primavera de Rutland. Los que se fueron de la iglesia no se dieron cuenta de lo improbable que fue que Proctor dio ese discurso cubano. Y tal vez que nadie fuera de su familia sabía o sospechaba que sus palabras provocaron una división entre Proctor y McKinley.

Por 1908 la gran parte del contexto del discurso cubano se perdió o se desvaneció en la memoria. Pero ni la multitud en Rutland esa noche, ni historiadores de hoy, faltan de conectar los puntos de las palabras tranquilas de Redfield Proctor con el comienzo de a la Guerra de 1898.

[318] Id.
[319] PFPL, recorte de prensa, s.f.
[320] Id. 320. El periodista estimó que 1.500 personas participaron y observó que las delegaciones del Gran Ejército de la República, los Veteranos Unidos de la Guerra Española y las Hijas de la Revolución Norteamericana tenían "asientos especiales asignados", presumiblemente en los primeros bancos.

Apéndices

A. COMPARACIÓN ESQUEMÁTICA DEL 'DISCURSO CUBANO' DE PROCTOR DEL 17 DE MARZO 1898 Y DEL MENSAJE AL CONGRESO DE MCKINLEY, EL 11 DE ABRIL 1898

RESULTADO   PROCTOR 3/17   McKINLEY 4/11

1) CUBA ES LA PREOCUPACIÓN DE AMERICA   SÍ   SÍ

Proctor dijo que habló "por causa del interés público en todo lo relativo a Cuba," sin razones específicas por cualquier conexión entre los Estados Unidos y Cuba.

McKinley dijo que se dirigió al Congreso", debido a la conexión íntima de la cuestión cubana con el estado de nuestra Unión" y, en otro punto discutió de la proximidad de Cuba, "No es una respuesta de decir que todo esto es en otro país, perteneciente a otra nación, y por lo tanto, no es asunto nuestro. Es especialmente nuestro deber, porque es justo en nuestra puerta".

2) HOLOCAUSTO CUBANO   SÍ   SÍ

Proctor describió los rifles de los soldados españoles como apuntados "para mantener los pobres reconcentrados, mujeres y niños", y dijo que "las muertes en las calles no han sido poco frecuentes" en estos lugares de "tierra sucia, aire contaminado, agua contaminada y de alimentos podridos o sin nada". Reconcentración en fortalezas significaba la muerte masiva de cubanos. Llegó a creer que "de una población de 1,6 millones, doscientos mil habían muerto dentro de estas fortalezas españolas".

McKinley vio desafortunados en Cuba como "en su mayor parte mujeres y niños, con los hombres ancianos y desvalidos, debilitados por la enfermedad y el hambre", y reconcentración de ser "guerra no civilizada (pero) exterminio". En la línea más dramática de su mensaje, declaró, "en nombre de la humanidad, en nombre de la civilización, en nombre de los intereses estadounidenses que nos dan el derecho y el deber de hablar y de actuar, la guerra de Cuba debe cesar." El primero de los cuatro motivos de McKinley para intervención fue "para poner fin a la barbarie, el derramamiento de sangre, el hambre y las miserias horribles ya existentes (en Cuba), y que las partes en conflicto no pueden o no quieren detener o mitigar".

3) SOBERANÍA ESPAÑOLA CONDENADA   SÍ   SÍ(?)

Proctor dijo que es "prácticamente toda la población cubana por un lado y el ejército español y los ciudadanos españoles en el otro", y habló sobre "el espectáculo de un millón y medio de la población, toda la población nativa de Cuba luchando por la libertad y la liberación del peor desgobierno que (él) haya conocido", y los cubanos que describió como" hombres de negocios que querían la paz" le dijeron que era "demasiado tarde para la paz bajo la soberanía española".

McKinley previó "la pacificación forzada de Cuba", pero sin embargo no declaró expresamente que España no podía retener la autoridad vestigial. (La paz de Cuba a través de la autonomía cubana con relaciones relajadas españoles había sido durante mucho tiempo el objeto de McKinley.) Sin embargo, una Cuba libre de la mayoría de la autoridad española fue sin duda claro, y el fin de toda autoridad española no era incompatible con el mensaje de McKinley.

4) SITUACIÓN DE ESTANCAMIENTO MILITAR   SÍ   SÍ

Proctor dijo que la condición de Cuba no era "la paz ni es la guerra. Es la desolación y la angustia, la miseria y el hambre". Él especificó debilidades en el ejército español, como una fuerza sin instrucción, mal suministrada, sin una caballería efectiva o una aparente artillería, originalmente de 200.000 reducida a 60.000 debido a la muerte y la enfermedad.

McKinley describió la situación militar como "una lucha tenaz", y que "excepto la subyugación o el exterminio, una victoria militar definitiva para ningún lado parece impracticable", y en la alternativa "agotamiento físico de uno u otro partido, o tal vez ambas cosas".

5) NO ANEXIÓN DE CUBA   SÍ   SÍ

Proctor dijo explícitamente: "Yo no estoy a favor de la anexión."

McKinley implícitamente excluyó la anexión, proponiendo el uso de la fuerza sólo para poner fin a las hostilidades "y para asegurar en la isla el establecimiento de un gobierno estable".

6) RECONOCIMIENTO DE INSURGENTES   (NO?)   (NO?)

Proctor fue desconfiado para encontrarse con los insurgentes sobre la base de la etiqueta, ya que había aceptado la hospitalidad del gobierno autonómo. ("Después de haber llamado al gobernador y al capitán general Blanco y recibió su cortés llamado a cambio, no podía en propiedad buscar la comunicación con los insurgentes").

McKinley dijo expresamente que no "creo que sería sabio ni prudente para este gobierno de reconocer *en el momento presente* la independencia de la llamada República de Cuba" *(énfasis dado)*.

7) EL PRESIDENTE DEBE GUIAR   SÍ   NO

Proctor diferió a McKinley. Él dijo: "Yo sólo hablo de los síntomas como los vi, pero no me comprometo a prescribir. Esas medidas correctivas que se requieran pueden con seguridad ser dejadas al presidente estadounidense y el pueblo estadounidense".

McKinley diferió al Congreso. Concluyó diciendo: "El asunto está ahora en el Congreso. Es una responsabilidad solemne... para aliviar la condición de cosas intolerables que están en nuestras puertas", es su deber porque, como él narró, los esfuerzos del Poder Ejecutivo no habían producido ninguna solución diplomática.

8) PROGRAMA ESPECÍFICO   NO   NO

Proctor se negó a "prescribir", nada al Presidente y al pueblo.

McKinley pidió al Congreso "para autorizar y facultar al presidente a tomar medidas para asegurar un cese total y definitivo de las hostilidades ... y usar las fuerzas militares y navales de los Estados Unidos que sean necesarias ..." sin excluir nuevo esfuerzo diplomático.

9) PLAZOS   NINGUNA   NINGUNA

Proctor propuso ninguna.

McKinley propuso ninguna. Esto difiere de los intercambios diplomáticos con España en 1897, durante los cuales él había dado a España ambos advertencias casi-ultimátum y plazos específicos.

10) EL *MAINE* COMO TEMA   NO   NO

Proctor, al hablar antes del informe del Comité Naval, se refirió del *Maine* sólo para decir que él no hará y que no se ocupará de la causa de su pérdida. Él dijo: "Vamos a esperar con calma por el informe".

McKinley, escribió después del informe, que se refirió sólo muy brevemente al *Maine* como un ejemplo de "elementos de peligro y desorden", dado que "el gobierno español no puede garantizar la seguridad y la seguridad de un buque de la Armada estadounidense en el puerto de La Habana en una misión de paz, y con derecho".

11) VIDAS Y PROPIEDADES   NO   SÍ
    NORTEAMERICANAS

Proctor no hace referencia a ninguna pérdida o peligro de las vidas y propiedades norteamericanas.

McKinley se refirió de pasada a "los intereses estadounidenses en peligro que nos dan el derecho y el deber de hablar y de actuar". Él también dijo, "Nuestro comercio ha sufrido, el capital invertido por nuestros ciudadanos en Cuba se ha perdido en gran parte." Más formalmente, entre sus cuatro motivos para la intervención, tras el rescate de los cubanos en peligro, "Segunda. Se lo debemos a nuestros ciudadanos en Cuba para darles la protección y la indemnización por vida y propiedad, que ningún gobierno allí puede o quiere pagar ... Tercero. El derecho de intervención puede estar justificado por el daño muy grave al comercio y los negocios de nuestro pueblo... En cuarto lugar, y que es de suma importancia ... una amenaza constante para nuestra paz ... un gasto enorme". Sin embargo, este último se refiere de nuevo a la situación de los reconcentrados, el único problema un constante polvorín.

B.   CRONOLOGÍA

1895

24 febrero	Guerra de Cuba por su independencia de España comienza, y continúa hasta la Guerra Española-Americana
12 junio	Presidente Cleveland emite una proclamación de neutralidad en la guerra civil cubana

1896

17 febrero	General Valeriano Weyler y Nicolau, durante su primera semana de estar al mando de las fuerzas españolas en Cuba, pronuncia sus órdenes infames sobre los reconcentrados en que zonas rurales fueran despobladas y civiles fueron concentrados en ciudades fortificadas
5 diciembre	Presidente Cleveland, durante su mensaje final al Congreso, advierte a España que la paciencia estadounidense no es ilimitada

1897

4 marzo	William McKinley es juramentado como presidente de los Estados Unidos
23 abril	William Rufus Day es juramentado como subsecretario de estado
8 agosto	El primer ministro de la "línea dura" Española Cánovas es asesinado
Septiembre	Un gobierno liberal "pragmático" se instala bajo el primer ministro Sagasta

13 septiembre	El profesor de Columbia Profesor John Bassett Moore responde a la pregunta del subsecretario de estado Day, que el Presidente y no el Congreso posee el poder de decidir si se debe intervenir en Cuba; cuando Day se convierte en Secretario de estado en 1898, él hace Moore el Secretario de Estado Adjunto
31 octubre	Weyler es llamado de regreso a Madrid
27 noviembre	Decreto de Madrid crea un gobierno cubano autónomo

1898

1 enero	La Constitución cubana autónoma entra en vigor con "reglas propias" del gobierno bajo el Gobernador General Ramón Blanco
12 enero	Disturbios anti-autonomía en La Habana por los cubanos españoles, incluyendo soldados; Segundo Secretario de Estado Alvey A. Adee aconseja a Day que la Marina debe estar preparada para cualquier emergencia
14 enero	Nota sin firma al presidente del departamento de estado informa a McKinley que los Estados Unidos deberían reconocer la independencia cubana, interviniendo con fuerza para expulsar a España de Cuba, si fuerza es necesaria; Day (10 a.m.) le dice al ministro español en Washington, de Loma, que McKinley estaría enviando naval buques en visita amistosa a Cuba; por el mediodía, después de una reunión con Day, McKinley y otros dos o tres de la Casa Blanca (secretario de la marina, el juez asociado del tribunal supremo McKenna y posible el comandante general del ejercito), McKinley decide que el buque de guerra *Maine* debe ir a La Habana; Day le pide de Loma volver a verlo y, por la tarde, le dice que el presidente ha enviado el *Maine* a Cuba

15 enero	El *Maine*, anclado en Key West, espera la llegada de la escuadra del Norte
16 enero	El escuadrón parte de Hampton Roads, Virginia
17 enero	Dawes en su diario informa de "muchas personas que llaman" a McKinley, nombrando cinco senadores, incluyendo Proctor
23 enero	El escuadrón llega en Key West
24 enero	El escuadrón, que ahora incluye el *Maine*, avanza a Dry Tortugas, de donde se separa el *Maine* a las 11 pm
25 enero	El *Maine* ancla en La Habana
27 enero	Cena diplomática anual en la Casa Blanca
6 febrero	Proctor escribe "menos aún" probabilidad de su viaje a Cuba; Clara Barton deja Washington para Cuba con J.K. Elwell, magnate naviero que habla español de Ohio, residente en Santiago desde hace seis años
9 febrero	Periódicos norteamericanos publican copias de una carta privada de de Loma criticando a McKinley como débil y el programa de la autonomía cubana una farsa; Clara Barton y Elwell llegan a La Habana
14 febrero	Proctor solicita cartas de recomendación a los empresarios cubanos
15 febrero	Proctor "duda mucho" que visitará a Cuba; el *Maine* detona
17 febrero	Una junta naval de investigación se establece al mando del almirante Sampson; Proctor escribe que él puede visitar Cuba, "si no estamos en guerra"
21 febrero	Proctor sale de Washington a La Florida, "posiblemente Cuba"; la investigación de Sampson comienza sus actuaciones a puerta cerrada
19-25 febrero	Proctor pesca en la Florida con el coronel Parker

25 febrero	Proctor y Parker abordan un barco de vapor de Key West a La Habana
26 febrero	Proctor y Parker llegan a La Habana, se reúnen con el cónsul norteamericano Lee, Clara Barton, el senador Frye, periodistas; durante su visita de diez días (26 de marzo-08 de febrero) Proctor visita las cuatro provincias occidentales de Cuba con Barton y personal de la Cruz Roja
9 marzo	Proctor y Parker abordan un barco de vapor de La Habana a Key West, ambas cámaras del Congreso pasan por unanimidad un proyecto de ley de defensa nacional de $50 millones, fondos que se gasta bajo el criterio exclusivo del Presidente
13 marzo	Proctor llega de vuelta en Washington
17 marzo	Proctor se reúne con el Secretario de Estado Day; Proctor se reúne con el Presidente McKinley; Proctor se encuentra con el Senador Frye, que lo empuja a recitar su discurso ante el Senado de inmediato; así lo hace, recitándolo en aproximadamente una media hora
17-20 marzo	Amplia publicidad se da al discurso de Proctor
21 marzo	La investigación naval de Sampson concluye su informe
24 marzo	El informe del investigación de Sampson llega a Washington
25 marzo	Presidente McKinley recibe el informe
28 marzo	Presidente McKinley presenta el informe al Congreso, sin embargo, ya era información pública a través de una filtración a la prensa la misma mañana
6 abril	Fecha para el mensaje del Presidente al Congreso originalmente programada; retenido hasta el 11 de abril a petición del cónsul Lee para tener más tiempo para evacuar los estadounidenses de Cuba

11 abril	El Presidente McKinley pide al Congreso para emitir un ultimátum a España, equivalente a una declaración de guerra
19 abril	El Congreso aprueba una resolución que implica la soberanía de Cuba
25 abril	El Congreso declara la guerra retroactiva al 22 de abril

(Cronología adaptada y sintetizada de Kenneth E. Hendrickson, Jr.'s La Guerra Española-Norteamericana, Elbridge Brooks' La Historia de Nuestra Guerra con España y con las fechas de otras fuentes, por ejemplo, Clara Barton, La Cruz Roja (1898), y la disertación de Chester Bowie en Redfield Proctor).

Bibliografía

Archivo

Papeles de Clara Barton. Biblioteca del Congreso, División de microfilm.

Papeles de George Cortelyou. Biblioteca del Congreso, División de Manuscritos.

Sociedad Histórica de Massachusetts.

Documentos de Proctor. Biblioteca Pública Gratuita de Proctor, Proctor, Vermont.

Periodicos

Boston Globe
Chicago Tribune
New York Times

Revistas

Congressional Record
North American Review

Tesis y Disertaciones

Barcan, Arthur. "El Imperialismo Estadounidense y la Guerra Española-Norteamericana". Tesis de maestría de la Universidad de Columbia, 1940.

Bowie, Chester Winston. "Redfield Proctor: una biografía". Tesis doctoral de la Universidad de Wisconsin, 1980.

Cooley, Roger G. "Redfield Proctor: Un estudio en liderazgo, el Período de Vermont". Tesis doctoral de la Universidad de Rochester, 1955.

Ford, Templo Benjamin. "El deber de servir: La carrera de gobierno de George Bruce Cortelyou." Ph.D. tesis doctoral, Universidad de Columbia, 1963.

Tweedy, Ruth Lois. "La vida de Redfield Proctor". Tesis de maestría de la Universidad de Illinois (Urbana), 1942.

Artículos

Davis, Michelle Bray y Rollin W. Quimby. "El discurso cubano del senador Proctor: Las especulaciones sobre la causa de la Guerra Española-Americana". Quarterly Journal of Speech 55 (abril de 1969): 131-41.

Partridge, Frank C. "Redfield Proctor, su vida y servicios públicos". Actas de la sociedad histórica de Vermont para los años 1913-1914 (1915): 57-123.

Bibliografías

Venzon, Anne Cipriano. La Guerra Española-Norteamericana: una bibliografía anotada. (Nueva York: Garland, 1990).

_____. La Guerra Española-Norteamericana: una bibliografía selectiva. (Lanham, MD: Scarecrow Press, 2003).

Libros

Bacon, Donald C., Roger H. Davidson, Newton Keller, eds. La Enciclopedia del Congreso de los Estados Unidos. 3 volúmenes. (Nueva York: Simon & Schuster, 1965).

Balakian, Peter. El Tigris quema, el genocidio armenio y la respuesta de los Estados Unidos. (Nueva York: Harper Collins Publishers, 2003.)

Barton, William E. La vida de Clara Barton, fundadora de la Cruz Roja Norteamericana. (Nueva York: AMS Press, 1969 reimpresión de la edición de 1922).

Bitzer, G.W. Billy Bitzer, su historia. (Nueva York: Farrar, Straus and Giroux, 1973).

Blow, Michael. Un barco que hay que recordar, el Maine y la Guerra Española-Norteamericana. (Nueva York: William Morrow and Company, Inc., 1992).

Brands, H.W. El decenio imprudente, Norteamérica en la década de 1890. (Nueva York: St. Martin Press, 1995).

Brooks, Elbridge Streeter. La historia de nuestra guerra con España. (Boston: Lothrop Publishing Company, 1899).

Burton, David H. Clara Barton, al servicio de la humanidad. (Westport, Connecticut: Greenwood Press, 1995).

Chadwick, F.E . Las relaciones de los Estados Unidos y España, diplomacia. (Nueva York: Charles Scribner & Sons, 1909).

Chidsey, Donald Barr. La Guerra Española-Norteamericana, una cuenta detrás de las escenas de la guerra en Cuba. (Nueva York: Crown Publishers, Inc., 1971).

Dawes, Charles G. Un diario de los años de McKinley. (Chicago: The Lakeside Press, 1950).

Dobson, John. El expansionismo reticente, la política exterior de William McKinley. (Pittsburgh: Editorial Universitaria de Duquesne, 1988).

Dunn, Arthur Wallace. De Harrison a Harding, una narrativa personal; cubriendo un tercio de siglo desde 1888 hasta 1921. (Nueva York: Putnam, 1922).

Foner, Eric, ed. Nuestro Lincoln, nuevas perspectivas sobre Lincoln y su mundo. (Nueva York: W. W. Norton and Company, 2008).

Gilbo, Patrick F. La Cruz Roja norteamericana, el primer siglo. (Nueva York: Harper & Row, Publishers, 1981).

Gould, Lewis L. La presidencia moderna norteamericana. (Lawrence, Kansas: Editorial Universitaria de Kansas, 2003).

_____. La presidencia de William McKinley. (Lawrence, Kansas: The Regents Press de Kansas, 1980).

_____. La Guerra Española-Norteamericana y el presidente McKinley. (Lawrence, Kansas: Editorial Universitaria de Kansas, 1982).

Hendrickson, Kenneth E., Jr. La Guerra Española-Norteamericana. (Westport, CT: Greenwood Press, 2003).

Hoover, Irwin Hood. Cuarenta y dos años en la Casa Blanca. (Boston: Houghton Mifflin, 1934).

Kohlsaat, H.H. Desde McKinley a Harding, recuerdos personales de nuestros presidentes.
(Nueva York: Charles Scribner & Sons, 1923).

Leech, Margaret. En los días de McKinley. (Nueva York: Editorial Harper & Brothers, 1959).

Linderman, Gerald F. El espejo de la guerra: La Sociedad Norteamericana y la Guerra Española-Norteamericana. (Ann Arbor: Editorial Universitaria de Michigan, 1974).

Lodge, Henry Cabot. La guerra con España. (NuevaYork: Editorial Harper & Brothers, 1899).

McCartney, Paul T. Poder y progreso: La identidad nacional de Norteamérica, la guerra de 1898, y el surgimiento del imperialismo estadounidense. (Baton Rouge: Editorial Universitaria Estatal de Louisiana, 2006).

McKinley, William. Discursos y alocuciones de William McKinley, desde marzo 1, 1897 hasta mayo 30, 1900. (Nueva York: Doubleday & McClure Co., 1900).

McLean, Joseph Eregina. William Rufus Day, juez del tribunal supremo de Ohio. (Baltimore: Editorial Johns Hopkins, 1946).

Morgan, H. Wayne. Camino de los Estados Unidos al imperio, la guerra con España y la expansión extranjera. (Nueva York: Wiley, 1965).

_____. William McKinley y su Norteamérica. (Nueva York: Editorial universitaria de Syracuse, 1963).

Olcott, Charles S. La vida de William McKinley. (Boston: Houghton Mifflin, 1916), 2 volúmenes

Offner, John L. Una guerra no deseada, la diplomacia de los Estados Unidos y España sobre Cuba, 1895-1898. (Chapel Hill, N.C.: Editorial universitaria de Carolina del Norte, 1992).

O'Toole, G.J.A. La guerra española, una épica norteamericana - 1898. (Nueva York: W. W. Norton & Cía., 1984).

Pérez, Luis A., Jr. La guerra de 1898, los Estados Unidos y Cuba en la historia e historiografía. (Chapel Hill, N.C.: Editorial universitaria de Carolina del Norte, 1998).

Phillips, Kevin. William McKinley. (Nueva York: Henry Holt y Cía., 2003).

Pratt, Julius W. Expansionistas de 1898: la adquisición de Hawaii y las islas españolas. (Baltimore: Editorial Johns Hopkins, 1936).

Pryor, Elizabeth Brown. Clara Barton, ángel profesional. (Filadelfia: Editorial universitaria de Pennsylvania, 1987).

Rickover, H.G. <u>Cómo fue destruido el acorazado</u> <u>*Maine*</u>. (Washington, DC: División de Historia Naval, Departamento de la Marina, 1976).

Russell, Henry B. <u>Una historia ilustrada de nuestra guerra con España: sus causas, incidencias y resultados</u>. (Hartford, Connecticut:. AD Worthington y Co., Publ, 1898).

Sigsbee, Charles D. <u>El *"Maine,"* un recuento de su destrucción en el puerto de La Habana</u>. (Nueva York: The Century Co., 1898).

Titherington, Richard. <u>Una historia de la Guerra Española-Norteamericana de 1898</u>. (Nueva York: D. Appleton, 1900).

Tone, John Lawrence. <u>La guerra y genocidio en Cuba, 1895-1898</u>. (Chapel Hill, N.C.: Editorial universitaria de Carolina del Norte, 2006).

Trask, David F. <u>La guerra con España en 1898</u>. (Nueva York: Macmillan Publishing Co., Inc., 1981).

Traxel, David. 1898, <u>El nacimiento del siglo norteamericano</u>. (Nueva York: Alfred A. Knopf, 1998).

Congreso de EE.UU.. <u>Redfield Proctor (un senador fallecido de Vermont): alocuciones en su memorial</u>. Cong 60a., 2da Sesión., 1908-1909. Washington: Imprenta del Gobierno, 1909.

Welch, Richard E., Jr. <u>Las presidencias de Grover Cleveland</u>. (Lawrence, Kansas: Editorial universitaria de Kansas, 1988).

Wilkerson, Marcus M. <u>Opinión pública y la Guerra Española-Norteamericana, un estudio en propaganda de guerra</u>. (Nueva York: Russell y Russell, 1932).

Wisan, Joseph. <u>La crisis cubana como se refleja en la prensa de Nueva York</u>, 1895-1898. (Nueva York: Octagon Books, 1934).

Young, Marilyn Blatt. <u>Expansionismo norteamericano, los temas críticos</u>. (Boston, Little, Brown y Co., 1973).

Zimmerman, Warren. <u>Primer gran triunfo, cómo cinco estadounidenses hicieron su país una potencia mundial</u>. (Nueva York: Farrar, Straus y Giroux, 2002).